Selection from
ENGLISH JOURNAL

ハリウッドスターの英語

はじめに

『ENGLISH JOURNAL』から厳選されたハリウッドスターのインタビューが聞ける！

この本は、アルクの月刊誌『ENGLISH JOURNAL』に2016年から2019年にかけて掲載された、**ハリウッドで活躍する俳優たちのインタビュー**から9本を選び収録したものです。
インタビューごとに、音声に忠実な**英文トランスクリプト、対訳、語注、用語解説**などが掲載されています。

アルクのダウンロードセンター（https://www.alc.co.jp/dl/）からは、インタビュー音声を入手することができます。
スターたちの本物の声を楽しみながら、英語リスニングの練習に取り組みましょう。

長年ハリウッドスターを取材してきたベテラン映画ライターによる、話しぶりや人柄などについての巻頭エッセイも見逃せません！　思わず引き込まれること間違いなしです。

Welcome to Hollywood Interviews!

レベル別・学習モデルプランを参考に リスニング&スピーキングの力をつける!

インタビュー・ページの前（p.12〜p.19）では、本書を使った効果的な学習法について、英語力レベル別のモデルプランを紹介します。

これを参照すれば、自身のレベルに応じた、リスニング力やスピーキング力を含む英語力全体を底上げする訓練ができます。

インタビュー末尾には「理解度チェック」があるので、どの程度聞き取れたか点検するためにぜひご活用ください。

では早速、あなたのお気に入りのスターの話を聞いてみましょう!

CONTENTS

変わり始めたハリウッド

ハリウッドは大きく変わり始めている。多様性（Diversity）と包摂性（Inclusion）をキーワードに、白人それも男性の優位が続いていた映画界は幅広い人材を迎えるようになった。俳優たちとわれわれの距離感も変わってきている。かつて、ハリウッドスターは手の届かない別世界の人だった。だが、SNSのアカウントでファンと直接交流する手段もある今、壁を作らず気さくに接するスターが増えている。

How do the celebrities talk?

ベテラン映画ライターが聞いたハリウッドセレブの“素顔の”英語

冨永由紀
（とみなが・ゆき）

ライター。幼少期は東京とパリで生活。白百合女子大学文学部フランス語フランス文学科卒業後に渡仏。帰国後、映画雑誌の編集部を経てフリーランスに。映画誌、女性誌、Web媒体などでインタビューやレビューなどを執筆している。

プライベートは平穏と言い難いデップだが、演技力は健在。ミュージシャンとしての腕前もなかなかだ（ロイター/アフロ）

外見も訛りも完ぺきな役作りで臨む
ジョニー・デップ

SNSはやっていないが、昔から気取らずに人と接するのがジョニー・デップだ。ちょっとシャイな印象で口調は穏やか。難しく語ろうとはせず、心に浮かんだまま自然に話していく。次から次へと面白いエピソードを繰り出すタイプではないが、質問には誠実に答えるし、時折ボソッとジョークをはさんでくることもある。

50代後半になった今も私生活は波乱含みだが、仕事に対する姿勢は常に真摯だ。『ブラック・スキャンダル』のように実在の人物を演じる場合は入念なリサーチを重ねて臨む。外見の役作りはもちろん、同作ではボストン訛りをマスターしたが、もともとアクセントの達人で、『パイレーツ・オブ・カリビアン』シリーズのジャック・スパロウ役などイギリス英語は得意中の得意。かつてのパートナー、ヴァネッサ・パラディとフランスで生活していた時期も長く、フランス語も短いフレーズならばネイティブ並みの発音だ。2020年には写真家ユージン・スミスを演じた主演作『Minamata』(原題)公開が控えるが、こちらも渾身の演技が期待できそうだ。

ドクター・ストレンジを演じるカンバーバッチ。衣装を身に着け「わくわくした」と語る(Splash/アフロ)

丁寧かつ機知に富む語りが魅力的

メリル・ストリープ&ヒュー・グラント

メリル・ストリープとヒュー・グラントは『マダム・フローレンス! 夢見るふたり』で、1940年代のニューヨークに実在した、どうしようもなく音痴な“歌姫”と彼女を献身的に支えるパートナーという役で共演している。アカデミー賞最多ノミネートの記録を更新し続けている名優ストリープと二枚目からコミカルな役どころまで幅広くこなすグラントは息の合った名コンビだ。

二人とも相手の話をよく聞き、納得できない点があれば、それを伝えて自身の見解を述べる。ここでは、演じた役柄を単なる面白おかしいキャラクターとして片づけられないよう、マダム・フローレンスとシンクレアの背景を丁寧に語っている。グラントは辛口ユーモアを効かせたSNSでの政治発言も活発だが、ジョークは控えて紳士的にストリープを立て、演じた役同士の関係性が続いているかのようだ。

「スーパーヒーロー」の素顔はフェミニスト

ベネディクト・カンバーバッチ

『ドクター・ストレンジ』でタイトルロールのスーパーヒーローを演じ、マーベル・シネマティック・ユニバース(MCU)に参加したベネディクト・カンバーバッチ。代表作「SHERLOCK/シャーロック」の印象

Shutterstock/アフロ

ストリープ(左)本人は優れた歌唱力の持ち主だ

が強すぎて、イギリス英語以外の発音だと違和感を覚えるほどなのだが、ニューヨークの天才外科医だったドクター・ストレンジ役やジョニー・デップと兄弟を演じた『ブラック・スキャンダル』などアメリカ英語で演じる機会も増えている。役を離れると、発音はもちろん表現の一つ一つもイギリスらしい言葉遣いだ。質問1つからどんどん話が広がるが、必ず軌道修正して話をまとめる彼はフェミニストとしても知られる。ギャラと機会の平等を重視し、男女のギャラが平等に支払われない仕事は断ると宣言。自身の製作会社SunnyMarchも女性スタッフ中心で、女性のためのプロジェクトを企画しているという。2021年には『ドクター・ストレンジ』の続編『Doctor Strange in the Multiverse of Madness』（原題）の公開が決定している。

役柄と自身を
鮮やかにリンクさせる活動派

ナタリー・ポートマン

『レオン』や『スター・ウォーズ』シリーズで10代から人気を博し、名門ハーバード大学を卒業した才媛でもあるナタリー・ポートマン。『ブラック・スワン』でアカデミー賞主演女優賞を受賞し、結婚して二児の母となった彼女は、自身と演じる役柄の成長をうまくリンクさせて順調なキャリアを築いている。

JFK夫人のジャクリーン・ケネディを演じた『ジャッキー/ファーストレディ　最後の使命』では、誰もがよく知る実在の人物を演じる責任を自覚し、記録映像や数十冊にも及ぶ関連書をリサーチ。目の前で夫が暗殺され、悲しむ間もなく国葬を取り仕切った悲劇のファーストレディになりきった。

13歳で『レオン』のマチルダ役に抜擢されたポートマン。その後も第一線で活躍し続けている
（ロイター/アフロ）

数年前にインタビューした際、自分の考えをより正しく相手に伝えようと心がける話し方が印象的だったが、これは相手がネイティブスピーカーではないゆえの配慮だったかもしれない。2017年、ハリウッドの勇気ある女性たちが声を上げ、セクシャルハラスメントを告発するMeToo運動が始まったが、翌年1月に設立されたセクハラ撲滅を目指す「TIME'S UP」運動に賛同するなど、女性のための活動にも積極的だ。

お騒がせな有名監督と
要注目の反逆児

ウディ・アレン&
クリステン・スチュワート

MeToo運動について自らを「運動の看板になるべき存在だ」と語ったのはウディ・アレン。かつて、養女が幼かった頃に性的虐待をしたと告発され、裁判で訴えは虚偽だと証明されたが、MeToo運動で批判が再燃した。2018年のこの発言は、映画人としてセクハラで訴えられたことは一度もないことを指してのものだ。2016年の監督作『カフェ・ソサエティ』はカンヌ国際映画祭のオープニング作品で、ヒロインのクリステン・スチュワートと記者会見に臨んだ。俳優としてのアレンは早口で台詞をまくし立てる印象だが、素顔は穏やかで説明も丁寧だ。レッドカーペットを裸足で歩くこともある反逆児、クリステンはハキハキとした口調で率直な性格が伝わってくる。『トワイライト』シリーズに出演していた頃はパパラッチの猛攻に苦しめられたが、その後はアート系作品などでユニークなキャリアを築いている。

『ラ・ラ・ランド』『ファースト・マン』でタッグを組んだチャゼル監督（左）とゴズリング。互いの実力を信頼する名コンビだ（Shutterstock/アフロ）

愛される作品を生んだ信頼関係

ライアン・ゴズリング＆デイミアン・チャゼル

アカデミー賞6冠の『ラ・ラ・ランド』の監督・主演のデイミアン・チャゼルとライアン・ゴズリングは、人類初の月面着陸を成し遂げたニール・アームストロングの伝記映画『ファースト・マン』で再びコンビを組んだ。ゴズリングは力まず、自然体のリラックスした雰囲気で、史上最年少の32歳でオスカー監督賞を受賞したチャゼルは理路整然とした語り口調。好対照の2人だが、実はチャゼルが最初に打診したのは『ファースト・マン』の企画だった。一度も仕事したことのなかったゴズリングを念頭に脚本を書き始めていた

名監督のアレン（左）だが、セクハラ疑惑を受けて「もう彼とは仕事しない」と宣言する俳優も。どうなる、アレン？（Shutterstock/アフロ）

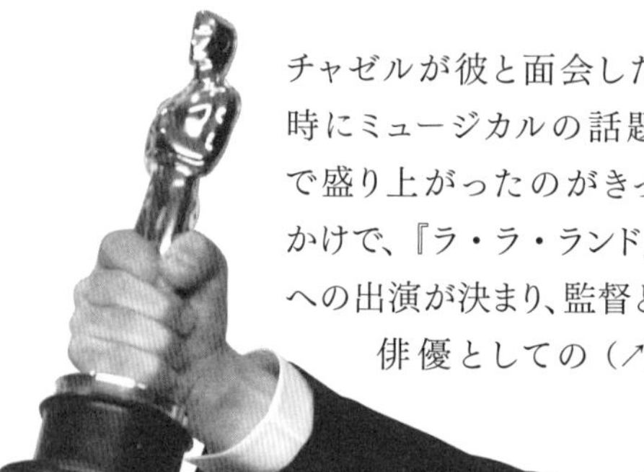

チャゼルが彼と面会した時にミュージカルの話題で盛り上がったのがきっかけで、『ラ・ラ・ランド』への出演が決まり、監督と俳優としての（↗）信頼関係が深まった上で、念願の企画を実現させた。

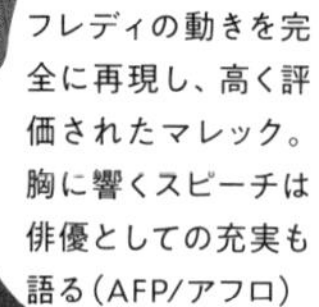

フレディの動きを完全に再現し、高く評価されたマレック。胸に響くスピーチは俳優としての充実も語る（AFP/アフロ）

葛藤を乗り越えて
つかんだオスカー像
ラミ・マレック

ラミ・マレックは『ボヘミアン・ラプソディ』で伝説的なロックスター、フレディ・マーキュリーを演じてアカデミー賞主演男優賞を受賞した。本書に収録されたのは授賞式後の記者会見だ。すでにテレビシリーズ「MR. ROBOT/ミスター・ロボット」の主演で人気を博していたが、没後30年近く経った今も多くのファンに慕われるアイコンを演じるプレッシャーの大きさは想像に難くない。さらに撮影終盤に監督が解雇される大きなトラブルに見舞われた。ゆえに受賞の喜びもひとしおのはずだが、自分のことだけに終始しない受賞スピーチは大きな感動を呼んだ。エジプト出身の移民の子として生まれ、アイデンティティに悩んだ少年時代を振り返り、そこにフレディの生涯を重ねた上で「僕が今夜皆さんとともに、彼とその物語を祝福している事実が、僕たちがこういう物語を求めていることの証です」と語った。夢に向かって努力する人たちに向けて親身に語りかけた言葉の持つ説得力は、彼ならではのものだ。『007 ノー・タイム・トゥ・ダイ』で悪役を演じるが、キャリー・ジョージ・フクナガ監督に、特定の宗教やイデオロギーによるテロ行為をする人物ならば自分を候補にしないでほしいと申し出た。エンターテインメントというフィールドから固定観念を変えていこうとする姿勢が頼もしい。

大スターたちは
映画オタクで名プロデューサー
レオナルド・ディカプリオ&ブラッド・ピット

レオナルド・ディカプリオとブラッド・ピットが主演するクエンティン・タランティーノ監督の『ワンス・アポン・ア・タイム・イン・ハリウッド』は2大スターの相性の良さに驚かされる。90年代から現在までトップの座で活躍してきた彼らが40代、50代になり、満を持したタイミングだ。2人の共通点はオタクと呼べるほどの映画好きで、プロデューサーとしても実績があること。出演作の記者会見でも、製作者としての視点も感じさせるコメントが多い。ディカプリオはプライベートについて語るのは大嫌いで、演じた役に彼自身を絡めたような質問には「共感した」と発言しても具体的な詳細には踏み込まない。その代わり、映画界の現状や未来については饒舌に語り倒す。ピットも同様で、撮影の細部など裏方的な話題になると話が弾む。CEOを務める製作会社「プランBエンターテインメント」はアカデミー賞の常連だが、奇しくもピットの最初のプロデュース作はディカプリオが主演した『ディパーテッド』だ。

「ブラピ」(左)と「レオ」。なんとも贅沢な共演（AFP/アフロ）

飾らぬ日常も共感を呼ぶ ベテラン俳優

キアヌ・リーブス

ディカプリオやピット同様、20代からずっとハリウッドの第一線を走り続けてきたキアヌ・リーブスは、『マトリックス』シリーズという代表作に加えて、50代を迎えてから『ジョン・ウィック』という新たなアクション・シリーズで人気が再燃した。彼の場合は出演作の人気もさることながら、公園にポツンと1人でいたり、地下鉄で席を譲ったり、一般人と変わらない日常の過ごし方がニュースになり、共感を集めてきた。俳優としては決して器用ではないが、得意とするジャンルを深掘りして極め、同時に小規模な作品を製作、主演も務めている。2019年はNetflixオリジナル作品で誇張した本人役を演じるなど、ちょっと捻ったコメディ・センスも魅力的だ。

50代にしてますます絶好調のリーブス。スクリーンではキレのあるアクションで魅せまくる（アフロ）

リーヴスは来日時、オフの時間に訪れた美術館でファンと記念撮影に応じ、それがSNSにアップされて話題になった。今や一個人としての時間も、知らない間に撮られて不特定多数の目にさらされる可能性があり、スターが自らイメージをコントロールするのも難しい時代だ。ある意味、窮屈ではあるが、それぞれが自分の言葉に責任を持ち、よりダイレクトに、心に響く意見を聞かせる時代になってきたとも言えるのではないだろうか。

ハリウッドスターのインタビューで

英語力パワーアップ

Text by Noboru Matsuoka

松岡 昇●青山学院大学大学院国際政治経済研究科修了。
現在、獨協大学、立教大学で講師、NPO グローバル・ヒューマン・イノベーション協会理事を務める。専門は、国際コミュニケーション、社会言語学。
著書に『日本人は英語のここが聞き取れない』（アルク）、『会話力がアップする英語雑談 75』（DHC）など。「1000 時間ヒアリングマラソン」の主任コーチとして活躍するかたわら、英語およびグローバル人材育成セミナーで講師を務めている。

映画スターの生素材を使った リスニング学習のメリットとは？

01 | 生の英語素材には魅力がいっぱい

生のインタビュー素材には、教科書の英語にはないさまざまな魅力があります。

第１に、話している人物が声優やナレーターではなく、本人が自分の思いや考えを自分の言葉で話している点です。本書では、ハリウッドスター本人が、シナリオではなく自分の言葉で話しているのですから、映画ファンにはたまりません。映画ファンならずとも、世界的なスターの話なら、教科書を読むナレーターの英語より、興奮度ははるかに高くなるはずです。

第２に、生の素材の魅力は、バラエティーに富んでいることです。画一化された教科書英語とは違って、人それぞれの話し方の癖が、スピードや言い回し、アクセントなどに見られ、個性を楽しめることです。

第３は「不完全」であることです。教科書の英語は完璧なセンテンスの集合体ですが、そのような英語は現実の人間の発話には存在しません。会話は瞬間芸ですから、間違いもすれば、言い直しもし、言葉に詰まることもあれば、途中で中断することもあります。生の素材は、こうした現実の「正しい不完全な英語」を教えてくれる貴重な教科書なのです。

02 リスニングは4技能の原点

本書は、ダウンロードして聞ける音声素材を使ってリスニング力をパワーアップすることを目的に編集されたものです。したがって、音声を聞くことが練習の中心になり、テキスト（スクリプト、対訳、語注）はあくまでも補助的なものとして考えられます。しかし、リスニングは4技能（聞く、話す、読む、書く）の原点です。リスニングのパワーアップはスピーキング力の向上に直結します。同時に、音声を文字にすれば、リーディング、ライティングのパワーアップにもつながります。また、これらのプロセスで語彙力の増強も同時進行します。本書の利用を聞き取り練習にとどめず、欲張ってあなたの英語力全体のパワーアップにつなげてください。

03 学習方法

本書を利用した学習方法の例をレベル別に紹介します。各レベルとも STEP 3 または4の後に「理解度チェック」（各インタビューの最終ページに掲載）があります。GOAL に示された得点をクリアーしたら、1レベル上の方法でチャレンジしてください。なお、各レベルとも、GOAL の後はスピーキングやリーディングのパワーアップにつなげる〈発展学習〉です。範囲や回数は指定していませんので、自分のペースに合わせてあれこれ試してみてください。

初級者

ELEMENTARY

TOEIC 500点未満

[GOAL]

話の「森」(=大筋) が見える

初級レベルでは、語注類と Reporter の質問文（英文、訳文）の助けを借りて、合計 10 回の聞き取りで話の「大筋」がつかめることを目標とします。

たとえ最初はまったく聞き取れなくても、以下のステップに従って、まず、用語解説と語注（背景知識とボキャブラリー）をあらかじめ頭に入れることで徐々に聞き取りが容易になり、次いで、Reporter の質問文を理解することでインタビューの答えの「大筋」を予想できるようになります。

どれほど速い英語でも、途中で音声を止めることはせずに、自然の英語の流れに身を任せてください。少しずつ聞こえてくる語句が増えてくるはずです。

STEP 1 全体を聞く

まずはインタビューを最初から最後までノンストップで2回聞く。気持ちでは、いつでも、最初の1回で「森」(=大筋)をつかむつもりで。（1～2回目）

STEP 2 用語解説 + 全体を聞く

トラックごとに、テキストの「用語解説」に目を通してから音声を聞く。この作業が最後まで終わった後で、再度、全体を最初から最後までノンストップで2回聞く。（3～5回目）

STEP 3 語注 + 全体を聞く

トラックごとに、テキストの「語注」に目を通してから音声を聞く。この作業が最後まで終わった後で、再度、全体を最初から最後までノンストップで2回聞く。（6～8回目）

STEP 4 質問文 + 全体を聞く

Reporter の質問文(英文と訳文)をテキストで読む。その後、全体を最初から最後までノンストップで2回聞く。（9～10 回目）

→「理解度チェック」を行う → 3/10 以上 → **GOAL**

発展学習

STEP | 5 スクリプトを1文ずつ読み、内容を確認する。

STEP | 6 自分のスピードで音読をする。

STEP | 7 1文ごとに、スクリプトを見て読み、顔を上げて(スクリプトから目を離し)同じ文をもう一度繰り返して言う。

STEP | 8 スクリプトを見ながら、シャドーイング(音声を止めずに、すぐ後から影のようについて英文を音読する練習)をする。音声についていけるようになるまで繰り返す。

中級者

INTERMEDIATE

TOEIC 500〜750点

[GOAL]

話の「森」と「木」(=要点)が見える

中級レベルでは、語注類と Reporter の質問文（英文）の助けを借りて、合計7回の聞き取りで話の「大筋」と「要点」がつかめることを目指します。

このレベルでも、固有名詞（人名、映画のタイトルなど）が多いため、何の予備知識もなく聞けば「大筋」をつかむことさえ極めて困難です。用語解説と語注から背景知識とボキャブラリーを仕入れ、また Reporter の質問文を英文であらかじめ読むことで、聞き取りやすさが違ってくるはずです。

和訳の作業は、速い英語では、理解の妨げにしかなりません。和訳を諦め、音声を止めずに、英語の流れに身を任せると、少しずつ日本語を介さない「映像」(＝話されている内容のイメージ）が見えてきます。

STEP 1 全体を聞く

まずはインタビューを最初から最後までノンストップで1回聞く。気持ちでは、いつでも、最初の1回で「木」(=要点)をつかむつもりで。 (1回目)

STEP 2 用語解説 + 全体を聞く

トラックごとに、テキストの「用語解説」に目を通してから音声を聞く。この作業が最後まで終わった後で、再度、全体を最初から最後までノンストップで1回聞く。 (2〜3回目)

STEP 3 語注 + 全体を聞く

トラックごとに、テキストの「語注」に目を通してから音声を聞く。この作業が最後まで終わった後で、再度、全体を最初から最後までノンストップで1回聞く。 (4〜5回目)

STEP 4 質問文 + 全体を聞く

Reporter の質問文(英文のみ)をテキストで読む。その後、全体を最初から最後までノンストップで2回聞く。 (6〜7回目)

→「理解度チェック」を行う → 6/10 以上 → **GOAL**

発展学習

STEP | 5 スクリプトを1文ずつ読み、内容を確認する。

STEP | 6 自分のスピードで音読をする。

STEP | 7 1文ごとに、スクリプトを見て読み、顔を上げて(スクリプトから目を離し)同じ文をもう一度繰り返して言う。

STEP | 8 スクリプトを見ながら、シャドーイング(音声を止めずに、すぐ後から影のようについて英文を音読する練習)をする。音声についていけるようになるまで繰り返す。

STEP | 9 スクリプトを見ずに、シャドーイングをする。音声についていけるようになるまで繰り返す。

上級者

ADVANCED

TOEIC 750点以上

[GOAL]

話の「森」と「木」と「枝葉」(=詳細)が見える

上級レベルでは、語注類の助けのみを借りて、合計5回の聞き取りで話の「大筋」、「要点」、そして「詳細」がつかめることを目標とします。

このレベルの人は、いきなり1、2度聞いただけでも、「大筋」や「要点」はかなりのところまでつかめるはずです。しかし、細かい部分を聞き取ることには、もうひとつ自信が持てない段階です。やはりポイントは、背景知識とボキャブラリーです。「知っている話題」は細かい部分まで比較的楽に聞き取れるものです。

詳細を聞き取ろうと力を入れると、瞬時に理解できない特定の語句が気になり、理解の流れを妨げます。語注類をチェックした後は、力を抜いて英語の流れに身を任せてください。はじめのうちはザルのように細かい情報が素通りしていく不安を覚えますが、徐々に慣れて、リラックスした状態で「枝葉」まで見えるようになってきます。

STEP 1 **全体を聞く**

まずはインタビューを最初から最後までノンストップで1回聞く。気持ちでは、いつでも、最初の1回で「枝葉」（＝詳細）までつかむつもりで。（1回目）

STEP 2 **用語解説 ＋ 全体を聞く**

トラックごとに、テキストの「用語解説」に目を通してから音声を聞く。この作業が最後まで終わった後で、再度、全体を最初から最後までノンストップで1回聞く。（2～3回目）

STEP 3 **語注 ＋ 全体を聞く**

トラックごとに、テキストの「語注」に目を通してから音声を聞く。この作業が最後まで終わった後で、再度、全体を最初から最後までノンストップで1回聞く。（4～5回目）

→「理解度チェック」を行う → 8/10 以上 → **GOAL**

発展学習

STEP 4 スクリプトを1文ずつ読み、内容を確認する。

STEP 5 自分のスピードで音読をする。

STEP 6 1文ごとに、スクリプトを見て読み、顔を上げて（スクリプトから目を離し）同じ文をもう一度繰り返して言う。

STEP 7 スクリプトを見ながら、シャドーイング（音声を止めずに、すぐ後から影のようについて英文を音読する練習）をする。音声についていけるようになるまで繰り返す。

STEP 8 スクリプトを見ずに、シャドーイングをする。音声についていけるようになるまで繰り返す。

STEP 9 対訳を見ながら、1文ずつ口頭で英訳する。

STEP 10 インタビューの内容を自分の英語で要約する。

インタビュー・ページの読み方

この本のインタビュー・ページの本文は、次のように構成されています。
最初の扉ページで、それぞれのスターのプロフィールや、話し方の難易度や特徴をチェックし、自分のレベルや関心に合わせてインタビューを聞いて／読んでみましょう。

● トラックナンバー

ダウンロード音声のトラック番号を示します。各インタビューとも、第1トラックがタイトルコール、第2トラック以降がインタビュー本文という構成になっています。また、本文のトラックには、その収録パートで述べられている内容の参考になるよう、中見出しを付けてあります。中見出しは音声がありません。

● 和訳例

英文のスタイルにできる限り即した訳になるようにしています。学習の参考にしてください。ただし、どのレベルの方も、最初は訳例を見ないで英文をリスニング／リーディングされることをおすすめします。

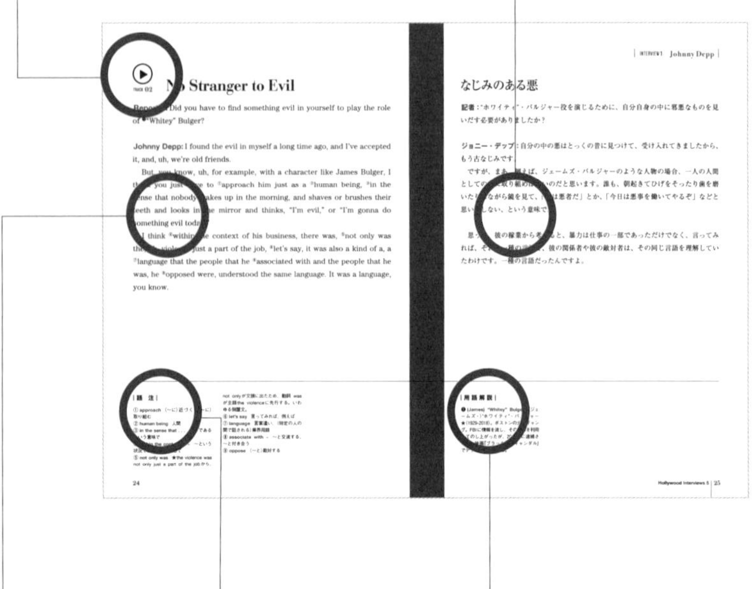

● 英文スクリプト

音声に忠実に書き起こした英文トランスクリプトです。ただし、単語と認識し難い発声や相づち、言いよどみ、どもりなどは、表記されていない場合があります。英文中の①②③という数字は左ページ下の「語注」、❶❷❸という数字は右ページ下の「用語解説」の各番号に対応します。

● 語注

注意が必要と思われる単語や表現について、ここで使われている意味の訳語を付けてあります。必要なものについては、訳語の後に★印で補足説明を付けてあります。

● 用語解説

主として、固有名詞と、話の理解に必要と思われる背景や事情について、解説を付けています。

いよいよ、
ここから9本の
インタビュー本編が
始まります

スターたちが生の声でしゃべる話は、どれも
魅力に満ちて、わくわくする内容ばかり。
役作りに込めた情熱、演じることについての哲学
そして、映画への愛を存分に語ってくれます。

どこから聞くかは、あなたのお好みしだい。
憧れの俳優や、気になる映画の話題を選んで
早速聞いてみましょう。

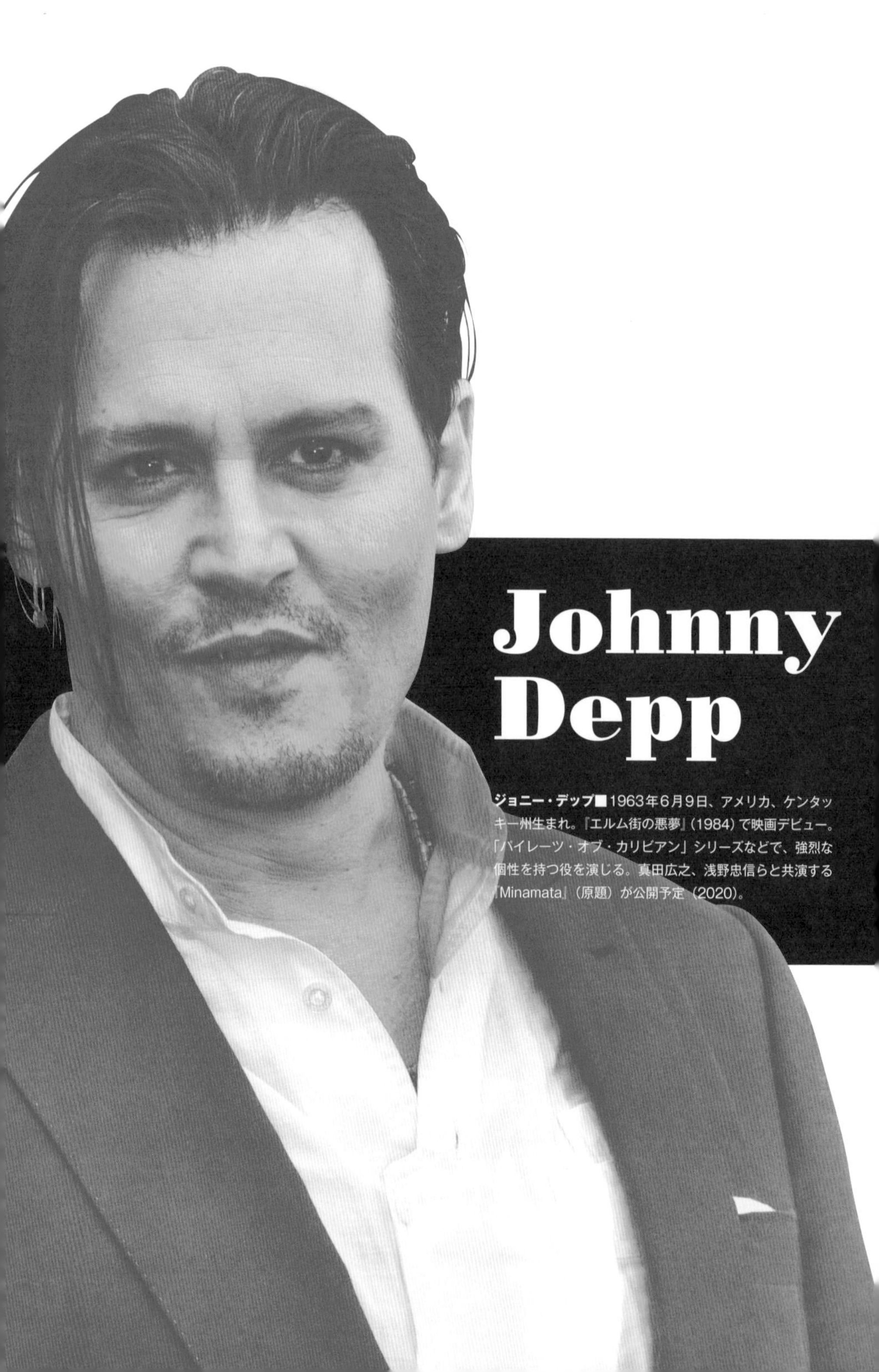

Johnny Depp

ジョニー・デップ■1963年6月9日、アメリカ、ケンタッキー州生まれ。『エルム街の悪夢』（1984）で映画デビュー。「パイレーツ・オブ・カリビアン」シリーズなどで、強烈な個性を持つ役を演じる。真田広之、浅野忠信らと共演する『Minamata』（原題）が公開予定（2020）。

TRACK 01

収録日：2015年9月5日　収録地：トロント（カナダ）

スピード　普通
語彙　普通
発音　低音で所々弱い

「リスクに挑み続ける個性派俳優」

“I think that an actor has some degree of responsibility with regard to their audience.”

「俳優には、観客に対して一定の責任があると思うよ」

Naoki Ogawa's Comment

特徴的な訛りはない。ただ機能語*はかなり弱まることがある。him や them が [m] だけになったりするのだ。彼の声は低い。日本人にはなかなかこういった声質の人はいない。英語、特に米語は低い声、低い音域を使う。この辺は、日本人が英語を話す上で、気付いておくべきだろう。なお、Bulger は「バルジャー」と書かれるが、発音は [bʌ́ldʒɚ] で「ボーヂャー」に近い。[ʌl] は「オーゥ」に近くなるためだ（類例：result、culture）。

＊機能語：代名詞・助動詞・be 動詞・前置詞・冠詞・接続詞などの、文中の脇役的な単語類。

写真：Shutterstock/ アフロ

TRACK 02

No Stranger to Evil

Reporter: Did you have to find something evil in yourself to play the role of ❶"Whitey" Bulger?

Johnny Depp: I found the evil in myself a long time ago, and I've accepted it, and, uh, we're old friends.

But, you know, uh, for example, with a character like James Bulger, I think you just have to ①approach him just as a ②human being, ③in the sense that nobody wakes up in the morning, and shaves or brushes their teeth and looks in the mirror and thinks, "I'm evil," or "I'm gonna do something evil today."

I think ④within the context of his business, there was, ⑤not only was the, uh, violence just a part of the job, ⑥let's say, it was also a kind of a, a ⑦language that the people that he ⑧associated with and the people that he was, he ⑨opposed were, understood the same language. It was a language, you know.

|語　注|

①**approach**　(〜に)近づく、(〜に)取り組む
②**human being**　人間
③**in the sense that . . .**　……であるという意味で
④**within the context of ~**　〜という状況で、〜を背景にして
⑤**not only was**　★the violence was not only just a part of the jobから、not onlyが文頭に出たため、動詞 wasが主語the violenceに先行する。いわゆる倒置文。
⑥**let's say**　言ってみれば、例えば
⑦**language**　言葉遣い、(特定の人の間で話される)業界用語
⑧**associate with ~**　〜と交流する、〜と付き合う
⑨**oppose**　(〜と)敵対する

なじみのある悪

記者：“ホワイティ”・バルジャー役を演じるために、自分自身の中に邪悪なものを見いだす必要がありましたか？

ジョニー・デップ：自分の中の悪はとっくの昔に見つけて、受け入れてきましたから、もう古なじみです。

ですが、まあ、例えば、ジェームズ・バルジャーのような人物の場合、一人の人間としての彼に取り組めばいいのだと思います。誰も、朝起きてひげをそったり歯を磨いたりしながら鏡を見て、「俺は悪者だ」とか、「今日は悪事を働いてやるぞ」などと思いはしない、という意味で。

思うに、彼の稼業から考えると、暴力は仕事の一部であっただけでなく、言ってみれば、それは一種の言語で、彼の関係者や彼の敵対者は、その同じ言語を理解していたわけです。一種の言語だったんですよ。

|用語解説|

❶**(James) “Whitey” Bulger** （ジェームズ・）“ホワイティ”・バルジャー★(1929-2018)。ボストンの大物ギャング。FBIに情報を流し、その関係を利用してのし上がったが、2011年に逮捕された。映画『ブラック・スキャンダル』でデップが演じている。

TRACK 03

Keeping It True

Reporter: How is it to ①portray a living person?

Depp: For me, I've played a few characters who were, you know, ②actual, living beings, some ③dead living human beings. There's a ④tremendous amount of responsibility because they, ⑤no matter if they're ⑥deemed good or bad, it doesn't really come into ⑦consideration. It's more the responsibility to ⑧be as true to that person as you can.

James Bulger, approaching that, you know, there's not really a lot of, there's some ⑨footage, ❶FBI ⑩surveillance stuff, there's a couple of tapes that you can hear him speak, but it was really, kind of, just ⑪shooting from the hip with Bulger. And also being true to all the different sides of the guy. Because there was, one side of him was, as I said, this businessman, who, within the language of that business, did what he had to do.

| 語　注 |

①**portray**　(～を)描写する、(～を)演じる
②**actual**　存在している、実在の
③**dead living**　★直前のliving beingsを受けて冗談を言っていると思われる。
④**tremendous**　非常に大きな、とてつもない
⑤**no matter if . . .**　たとえ……であろうと
⑥**deem**　(～と)考える、(～と)見なす
⑦**consideration**　考慮、判断
⑧**be true to ~**　～に忠実である
⑨**footage**　(ある出来事を記録した)フィルム、映像
⑩**surveillance**　監視、偵察
⑪**shoot from the hip**　よく考えずに衝動的に行動する　★直訳は「腰に着けた銃を抜いて(即座に)撃つ」で、時間をかけて狙いをつけずに、いきなり銃を発射する様子から生じた表現。

忠実に演じる責任

記者：存命中の人物を演じるというのは、どういうものですか？

デップ：私は、実在の、生きている人を数人と亡くなった人を何人か、演じたことがあります。とてつもなく大きな責任があります。というのも、その人たちが善人と見なされていようが悪人と見なされていようが、そんなことは、実際には考えには入ってきません。それよりも、できるだけその人物に忠実であろうとする責任（が重要なの）です。

ジェームズ・バルジャー、彼（この役）に取り組むのに、多少の映像、FBIの監視映像があるのと、彼の話し声が聞ける音声テープが2、3本あるのですが、バルジャー（を演じること）に関しては、即興性が必要でした。それにまた、この男のさまざまな面すべてにも忠実でなければいけません。というのも、彼の一つの側面は、さっきも言ったとおり、こうした稼業に携わる人間で、その稼業の言語の範囲内で、すべきことをしていたわけです。

|用語解説|

❶**FBI** （米）連邦捜査局 ★＝Federal Bureau of Investigation の略。

TRACK 04

A Complex Character

Depp: And there was another side of him who was a loving family man. There was another side of him who ①was very dedicated to his mother and ❶his brother. And . . . He was a very ②complicated man, you know, and, uh . . . Yeah, I guess when you're ③digging into a person like that, you ④owe them first to ⑤do them some sort of justice, even though, ⑥along the way, there are some, uh, ugly moments.

I asked to, uh, to meet James Bulger, uh, uh, through his ⑦attorney, Jay Carney, and as expected, I mean, I, I knew this wouldn't happen, Bulger, kind of, uh, ⑧respectfully ⑨declined, because I don't believe he was a great fan of the book ❷*Black Mass*. I also don't believe he was a great fan of any of the books written about him. So, therefore, uh, he declined.

But, uh, Jay Carney was very helpful to me in finding James Bulger. ⑩'Cause, I mean, he ⑪hit me straight up. ⑫First and foremost, he said, "I ⑬ain't ⑭gonna say nothing that Jimmy wouldn't want me to say. I will say this, and I will say this, but I won't say anything over here." Which I, you know, fair play, I respect it.

But Jay came to the set a couple of times and watched, and he was very . . . Yeah, he gave me a lot of, uh, confidence because he said he could feel his old friend in what I was doing, which was, you know, well, a, a very high ⑮compliment.

|語　注|

①**be dedicated to ~**　～に対して献身的である、～のために尽くす
②**complicated**　複雑な、入り組んだ
③**dig into ~**　～を掘り下げる、～を深く探る
④**owe**　(～に対して)義務を負う
⑤**do ~ justice**　～を公平に扱う、～を正当に評価する
⑥**along the way**　途中で
⑦**attorney**　弁護士
⑧**respectfully**　丁重に、礼儀正しく
⑨**decline**　断る、辞退する
⑩**'cause**　★＝because。
⑪**hit ~ up**　～に電話する、～に連絡を取る　★口語的表現。
⑫**first and foremost**　真っ先に、何よりもまず
⑬**ain't**　★＝am not。ain't gonna say nothingは、否定を2度重ねているが、口語で「何も言わない」の意。
⑭**gonna**　★＝going to。
⑮**compliment**　賛辞、褒め言葉

複雑な人間性

デップ：そして、彼には家庭を愛する男性という、もう一つの側面がありました。母と弟に対してとても献身的だったという、また別の側面もありました。そして……。彼はとても複雑な人物で……。そう、たぶん、そういう人物を掘り下げていくと、まず、彼らをある意味で正当に扱う義務を負うことになるのだと思います、たとえ、その途中に醜い（悪行の）瞬間が何度かあるにしても。

彼の弁護士のジェイ・カーニーを通して、ジェームズ・バルジャーに会いたいと頼んでみたところ、予想どおり、つまり実現しないのはわかっていたのですが、バルジャーには、まあ、丁重に断られました。というのも、彼は原作本の*Black Mass*の大ファンではなかったでしょうから。それに彼は、自分について書かれたどの本も、あまり好きではなかったでしょうね。ですから、そんなわけで、断られました。

でも、ジェイ・カーニーは、私のジェームズ・バルジャーの探求に、とても協力的でした。というのも、つまり、彼は直接、電話をかけてきたのです。開口一番、彼は言いました、「私はジミーが嫌がることは何も言うつもりはありません。この話はしますし、この話もしますが、こちらの件に関しては何もお話ししません」と。これは、まあ、フェアなやり方で、敬意を払います。

ですが、ジェイは、撮影現場に2、3度足を運んで見学してくれて、とても……。そう、私にとても自信を与えてくれました、というのも、彼は、私の演技の中に彼の旧友（バルジャー）が感じられると言ってくれて、それはとてもありがたい褒め言葉でしたから。

用語解説

❶his brother　★上院議員の座に18年間就いていた政治家のウィリアム・バルジャー（1934-）を指す。映画ではベネディクト・カンバーバッチが演じた。

❷*Black Mass*　★本作の原作となった2000年刊行の書籍（日本語訳は『密告者のゲーム』。ディック・レイア、ジェラード・オニール 共著、古賀弥生 訳、角川書店 刊）。black massは「黒ミサ」の意。

TRACK 05

Becoming Bulger

Reporter: How did you come up with ❶your look in this film?

Depp: Basically, the look in this film was decided . . . ❷Scott and I had, you know, early discussions, and I thought it was very, very important that — we both thought it was very, very important — to ①capture, to make, to look as much like Jimmy Bulger as ②humanly possible, you know.

My ③eyeballs are ④black as the ace of spades, ha, and, um, so clearly, like, the blue ⑤contacts. And they were ⑥hand-painted because I, they needed to be ⑦piercing; they needed to ⑧cut right through you.

There's a makeup artist that I've worked with for many, many years who's an ⑨absolute genius — his name is ❸Joel Harlow — and we did about, I think we did about four or five tests before we even showed Scott anything. Yeah, so the goal was really to just capture the look of Jimmy Bulger, you know, as exact as we could.

| 語　注 |

①**capture**　(～を)捉える、(作品などで～を)表現する
②**humanly**　人間の見地から、人間の能力の範囲内で　★humanly possibleで「人間の力でできる」の意。
③**eyeball**　眼球
④**(as) black as the ace of spades**　真っ黒な　★直訳は「スペードのエースのように黒い」。
⑤**contacts**　コンタクトレンズ　★＝contact lenses。
⑥**hand-painted**　手描きの、手塗りの
⑦**piercing**　(まなざしが)突き刺すような、鋭い
⑧**cut through ~**　～を切り開く、～を刺し通す
⑨**absolute**　疑問の余地のない、まったくの

バルジャーになるには

記者：作中でのあの外見は、どうやって考え出したのですか？

デップ：基本的に、今作での外見を決めたのは……スコットと私は早い段階から話し合いをしていて、私はとても大事だと思ったのです——二人とも、とても大事だと思っていました——（バルジャーをありのままに）捉えること、人間の力で可能な限りジミー・バルジャーに似た外見を作ることがね。

私の目は真っ黒なので、ハハ、当然ですが、例えば、ブルーのコンタクト。あれは手描きでした。なぜなら、鋭い目付きでなくてはならなかったので。相手を射抜くような目である必要があったのです。

それから、何年も前から一緒に仕事をしている、まさしく天才のメイクアップ・アーティストがいます。名前はジョエル・ハーロウです——それで私たちは、スコットにまだ何も見せていない段階で、確か4回か5回ほど（メイクの）テストをしました。そう、ですから目指すところは、とにかくジミー・バルジャーの外見を、できるだけ的確に捉えることでした。

|用語解説|

❶**your look in this film** ★バルジャーに外見を近づけるため頭髪を薄くするなどした特殊メイクが、話題になった。

❷**Scott (Cooper)** スコット（・クーパー） ★（1970- ）。本作の監督。その他の作品に『クレイジー・ハート』（2009）、『ファーナス／訣別の朝』（13）などがある。

❸**Joel Harlow** ジョエル・ハーロウ ★（1968- ）。メイクアップ・アーティスト。『スター・トレック』（2009）でアカデミー賞メイクアップ賞を受賞。デップの出演する「パイレーツ・オブ・カリビアン」シリーズや『ローン・レンジャー』（13）などにも携わった。

TRACK 06

Needing the Challenge

Reporter: Why do you feel the need to keep ①transforming yourself in your film roles?

Depp: For me, even from, way from the beginning, when I, I mean, I'd done a couple of films, but I never decided to be an actor. I, I'm not sure I ever decided to be an actor, ②to tell you the truth.

So my heroes have always been, like, ③in terms of cinema, my heroes were ❶John Barrymore and ❷Lon Chaney, Sr., and certainly ❸Marlon Brando, ❹Timothy Carey, ❺John Garfield. I mean, all these guys who would, yeah, transform.

And so I suppose it was just an ④obsession. I've always wanted to be a ⑤character actor or try to be a character actor more than just the kind of, you know, ⑥poster boy that they tried to make me when I was, ⑦about a hundred years ago.

| 語　注 |

①**transform oneself**　姿を変える、変身する
②**to tell you the truth**　実を言うと
③**in terms of ~**　～に関しては
④**obsession**　強迫観念、強いこだわり
⑤**character actor**　性格俳優　★役柄になり切って、さまざまな役を別人のように演じ分ける俳優。
⑥**poster boy**　ポスター広告の男性モデル、（特定の活動などの）広告塔
⑦**about a hundred years ago**　★「大昔」であることを誇張した表現。

挑戦の必要性

記者：映画の役を演じる際に、変身し続ける必要性を感じていらっしゃるのは、なぜですか？

デップ：私にとって、ずっとさかのぼった最初の頃から、当時は、つまり、2、3本映画に出たけれど、俳優になる決心はしていなかった頃です。実を言うと、今に至るまで、俳優になる決心をした記憶はないのですが。

それで、私のヒーローはずっと、映画に関してのヒーローは、ジョン・バリモアや、父親の方のロン・チェイニー、それにもちろんマーロン・ブランドに、ティモシー・ケリーや、ジョン・ガーフィールドでした。つまり、がらりと変身する、こうした人たちです。

ですから、単純に、強い思い入れだったんでしょうね。ずっと性格俳優になりたいと思ってきました、というか、ただのお飾りの俳優になるより、性格俳優になる努力をしたいと。周囲は、私をお飾り俳優にしようとしていたんです、大昔のことですが。

|用語解説|

❶**John Barrymore**　ジョン・バリモア　★(1882-1942)。サイレント期から活躍し、正統派の二枚目役から狂気に満ちた悪役まで、広い役柄を演じた俳優。

❷**Lon Chaney, Sr.**　ロン・チェイニー・シニア　★(1883-1930)。「千の顔を持つ男」と称された怪奇映画俳優。同じ名の息子(ロン・チェイニー・ジュニア)もホラー俳優として活躍した。

❸**Marlon Brando**　マーロン・ブランド　★(1924-2004)。『波止場』(1954)、『ゴッドファーザー』(72)で2度のアカデミー賞主演男優賞を受賞した俳優。デップの監督・主演作『ブレイブ』(97)にも出演した。

❹**Timothy Carey**　ティモシー・ケリー　★(1929-94)。『現金に体を張れ』(1956)などに出演した性格俳優。

❺**John Garfield**　ジョン・ガーフィールド　★(1913-52)。『郵便配達は二度ベルを鳴らす』(1946)、『紳士協定』(47)などに出演した俳優。

And most importantly, I think, it's, I mean, ①aside from what it does for me, I think that an actor has ②some degree of responsibility ③with regard to their audience, to change, to give them something different, to give them something new each time, to give them something that they're not expecting, to, yeah, try to surprise them and not ④bore them by just being the same sort of thing every time by ⑤essentially playing yourself.

So I find great, I don't know, safety, but at the same time, danger in trying to do these ⑥transformations. So, for me, it's very ⑦challenging, and I think that's important also as an actor — to test yourself, challenge yourself each time. ⑧Take the chance that you may actually ⑨fall flat on your face and look like a complete ⑩ass, and that's what I do ⑪for a living.

Coordinated by Jordan Riefe

Narrated by Deirdre Merrell-Ikeda

語注

①**aside from ~**　～は別として、～のほかに
②**some degree of ~**　ある程度の～
③**with regard to ~**　～に関して
④**bore**　(～を)退屈させる
⑤**essentially**　本質的に、基本的に
⑥**transformation**　変化、変身
⑦**challenging**　難易度の高い、難しいがやりがいのある
⑧**take the chance that . . .**　……という危険を冒す
⑨**fall flat on one's face**　大失敗する、面目を失う　★直訳は「顔から(うつぶせに)ばったりと倒れる」の意。
⑩**ass**　ばか、どうしようもないやつ　★俗語。
⑪**for a living**　生活のために、生計を立てるために

それに、何より大事なのは、自分にとってそれがどうかということとは別に、俳優には、観客に対して一定の責任があると思うのです、変化し、何か違ったものを提供する、毎回、何か新しいものを提供する、予想外のものを提供する責任が、そう、観客を驚かせようとする責任が、そして、基本的に自分自身を演じてしまうことによって、毎回、同じような印象になり、観客を飽きさせてしまわないように努める責任が。

ですから、こうした変身への取り組みには、大きな、どうでしょうね、安心と、しかし同時に危険も感じます。ですから、私にとってはとても挑戦しがいのあることですし、俳優としても大切だと思います——毎回、自分を試し、自分に挑戦することは。大失態をやらかして、まるきり間抜けな姿をさらすかもしれないリスクを冒す、私はそれで生計を立てているのです。

Vocabulary List

A

□ **absolute**　疑問の余地のない、まったくの

□ **actual**　存在している、実在の

□ **along the way**　途中で

□ **approach**　（～に）近づく、（～に）取り組む

□ **aside from ~**　～は別として、～のほかに

□ **associate with ~**　～と交流する、～と付き合う

□ **attorney**　弁護士

B

□ **be dedicated to ~**　～に対して献身的である、～のために尽くす

C

□ **capture**　（～を）捉える、（作品などで～を）表現する

□ **challenging**　難易度の高い、難しいがやりがいのある

□ **complicated**　複雑な、入り組んだ

□ **compliment**　賛辞、褒め言葉

□ **consideration**　考慮、判断

D

□ **deem**　（～と）考える、（～と）見なす

□ **dig into ~**　～を掘り下げる、～を深く探る

□ **do ~ justice**　～を公平に扱う、～を正当に評価する

E

□ **essentially**　本質的に、基本的に

F

□ **fall flat on one's face**　大失敗する、面目を失う

□ **first and foremost**　真っ先に、何よりもまず

□ **footage**　（ある出来事を記録した）フィルム、映像

□ **for a living**　生活のために、生計を立てるために

H

□ **hand-painted**　手描きの、手塗りの

I

□ **in terms of ~**　～に関しては

□ **in the sense that . . .**　……であるという意味で

N

□ **no matter if . . .**　たとえ……であろうと

O

□ **obsession**　強迫観念、強いこだわり

□ **oppose**　（～と）敵対する

□ **owe**　（～に対して）義務を負う

P

□ **portray**　（～を）描写する、（～を）演じる

R

□ **respectfully**　丁重に、礼儀正しく

S

□ **shoot from the hip**　よく考えずに衝動的に行動する

□ **some degree of ~**　ある程度の～

□ **surveillance**　監視、偵察

T

□ **take the chance that . . .**　……という危険を冒す

□ **to tell you the truth**　実を言うと

□ **transform oneself**　姿を変える、変身する

□ **transformation**　変化、変身

□ **tremendous**　非常に大きな、とてつもない

W

□ **with regard to ~**　～に関して

□ **within the context of ~**　～という状況で、～を背景にして

理解度チェック

インタビューの内容に一致するものは □ Yes を、一致しないものは □ No をチェックしてください。

※質問の難易度の表示は、A＝易しい、B＝普通、C＝難しい、を表します

目標正答数	初級レベル▶ ☑ 3問以上	中級レベル▶ ☑ 6問以上	上級レベル▶ ☑ 8問以上

Questions		Yes	No
1	ジョニー・デップはジェームズ・バルジャーの役作りのため、毎朝自分に「俺は悪者だ」と言い聞かせた。 (難易度 B)	□	□
2	デップは、バルジャーの人間性は実に単純明快だったと考えている。 (難易度 A)	□	□
3	デップは、バルジャーに面会するのを断られたと言っている。 (難易度 A)	□	□
4	デップによると、バルジャーの弁護士が自分の演技に対して自信を与えてくれた。 (難易度 B)	□	□
5	デップはバルジャーの外見に似せるため、コンタクトレンズで目をより黒く見せた。 (難易度 C)	□	□
6	デップは幾つか映画に出演した後ですら、俳優になろうとは決心していなかった。 (難易度 B)	□	□
7	デップによると、マーロン・ブランドは常に自分自身を強く反映した役作りを行った俳優である。 (難易度 A)	□	□
8	デップによると、周囲の人々が彼を飾りのように扱おうとした時期があった。 (難易度 C)	□	□
9	デップが考える俳優の責任とは、観客に対して、常に飾らぬ日常的な姿を見せることである。 (難易度 C)	□	□
10	デップは、役作りのために挑戦し続けることには、失敗の危険が伴うと述べている。 (難易度 B)	□	□

答え： Q1. No／Q2. No／Q3. Yes／Q4. Yes／Q5. No／Q6. Yes／Q7. No／Q8. Yes／Q9. No／Q10. Yes

Woody Allen & Kristen Stewart

ウディ・アレン■1935年12月1日、アメリカ、ニューヨーク生まれ。自ら脚本を手掛けた『何かいいことないか子猫チャン』（1965）で俳優デビュー。以来、ほぼ年1本のペースで監督・脚本作品を発表している。

クリステン・スチュワート■1990年4月9日、アメリカ、ロサンゼルス生まれ。『トワイライト～初恋～』（2008）に始まるシリーズのヒロインとしてスターに。『アクトレス～女たちの舞台～』（14）でセザール賞助演女優賞を受賞した。

Woody Allen & Kristen Stewart

TRACK 07

■収録日：2016年5月11日　■収録地：カンヌ（フランス）

▶ウディ・アレン
スピード 遅い　語彙 易しい　発音 母音がすっきり

▶クリステン・スチュワート
スピード 速い　語彙 普通　発音 rがよく響く

「弱肉強食の世界を生きる映画人」

"If I don't laugh, I'll kill myself."

「もし笑わなかったら、私、自殺してしまいます」

Naoki Ogawa's Comment

アレンは part、actor などの母音後の r が発音されず、母音がすっきりしている。ニューヨーク訛りの特徴だ。トラック08で何度も would've [wúdəv] と出てくる。日本人には難しそうな仮定法の助動詞句だが、現実にはけっこう使われる。would have と表記されることもあるが、発音はほとんど [wúdəv] だ。

アレンと対照的に、スチュワートは 1）母音後の r がよく響き、2）話し方が畳みかけるような勢いだ。2）はとりわけ p. 50の第2段落後半で顕著。言いたいことがかなりはっきりまとまっているからこそなのだろう。その速さについていくには、彼女の考え方などの予備知識が必要だろう。

写真：Evan Agostini/Invision/AP/ アフロ

TRACK 08

The Fictional Woody Allen

Reporter: What do you think about the way ❶Jesse Eisenberg plays the ①protagonist of ❷*Café Society*?

Woody Allen: If this was years ago, I would've played this part in the movie that Jesse is playing, because he's perfect for this kind of character. I would've played it much more ②narrowly, myself, 'cause I'm a comedian, not an actor, and so I would've given it one ③dimension. Jesse is a fine actor and gave it much more ④complexity and much more interest.

Uh, but, you know, the fact that people think that he's like me or that the character's like me is, um, you know, ⑤all I can say is it's much deeper played by Jesse than anything I would've done with it.

Reporter: Do you think the fact that you were the narrator ⑥forced Jesse to speak like you?

| 語　注 |

①**protagonist**　主人公
②**narrowly**　狭く、偏狭に
③**dimension**　次元、(物事の)側面
④**complexity**　複雑さ
⑤**all I can say is (that) . . .**　私に言えるのは……ということだけだ
⑥**force A to do**　Aに～することを強いる、Aに～するのを余儀なくさせる

架空のウディ・アレン

記者：『カフェ・ソサエティ』の主人公役、ジェシー・アイゼンバーグの演技について、どうお考えですか？

ウディ・アレン：何年も前であれば、ジェシーの演じているこの役は、私が演じていたでしょう。（ジェシーが演じているのは、）彼がこのタイプの役柄にぴったりだからです。私自身が演じていたら、もっとずっと狭い演技になっていたでしょう、というのも、私はコメディアンであって俳優ではないので、一面的な見せ方になったでしょうから。ジェシーは上手な俳優で、この役を、はるかに複雑に、はるかに興味深くしてくれました。

ですが、その、彼が私に似ているとか、この役柄が私に似ているなどと、観客に思われることについては、まあ、私に言えるのは、ジェシーが演じることで、私がやった場合よりずっと深みが増している、ということだけです。

記者：あなたがナレーターを務めたことで、ジェシーがあなたに似た話し方をせざるを得なくなったと思いますか？

用語解説

❶**Jesse Eisenberg** ジェシー・アイゼンバーグ ★（1983-）。『ソーシャル・ネットワーク』（2010）でアカデミー賞主演男優賞にノミネートされた、アメリカの俳優。本作の主人公を演じた。

❷***Café Society*** 『カフェ・ソサエティ』 ★（2016）。有力者の叔父を頼ってニューヨークからハリウッドへ行き、またニューヨークへ戻ったユダヤ系の若者を描く。ウディ・アレン脚本・監督作品。café societyは、「1930年代のナイトクラブでの華やかな社交界」を指す。

Allen: I don't think he does. You know, the character, the ①fictional character in the story ②is really nothing like me. I never went out to ❶Hollywood to try and get a job. I never got, uh, I don't have a ③relative who I met. I didn't ④get involved with a woman out there, or a woman in New York. I was not involved in any of this.

I'm very happy to have the actors ⑤put it in their own words — ⑥they're not obligated to use anything I wrote. They can change the sentences and make them their own. So, you know, I don't see an ⑦acute ⑧similarity. I just see the similarity that's ⑨inevitably drawn when there's a character ⑩vaguely ⑪in the ballpark of something that, uh, one could ⑫believably say might remind them of me. But ⑬otherwise, you know, I don't see it so clearly as you do.

Reporter: Why do you think you often include a ⑭Jewish character having a ⑮crisis of faith in your movies?

|語　注|

①**fictional**　架空の
②**be nothing like ~**　～とはまるで違う、～とは別物である
③**relative**　親類、血縁者
④**get involved with ~**　～と関わり合いを持つ、～と付き合う　★次行のbe involved in ~は「～と関わり合いを持っている」の意。
⑤**put ~ in one's own words**　～を自分自身の言葉で話す
⑥**be obligated to do**　～する義務がある、～しなければならない
⑦**acute**　鋭い、強烈な
⑧**similarity**　類　似　★ draw a similarityで「類似性を指摘する」の意。
⑨**inevitably**　必然的に
⑩**vaguely**　漠然と、曖昧に
⑪**in the ballpark of ~**　およそ～の
⑫**believably**　信じられそうに、いかにもありそうに
⑬**otherwise**　それ以外には
⑭**Jewish**　ユダヤ人の
⑮**crisis of faith**　信仰の危機

アレン：そうは思いません。ほら、あの人物、物語の中のあの架空の人物は、私には全然似ていませんから。私は、仕事を求めてハリウッドに出て行ったことはありません。会いに行けるような親戚もいませんでしたし、今もいません。あちらの女性とも関わりを持っていませんし、ニューヨークの女性ともありません。こうしたことに一切、関わっていません。

俳優たちには自分の言葉で話してもらえればとてもありがたいと思っています――私の書いたものを使わなければいけない、ということはないのです。文を変えて自分の言葉にしていいのです。ですから、（私自身に）酷似しているとは思いませんね。まあ、なんとなく、私のことを想起させると言ってもうそにならないような登場人物がいたら、嫌でも指摘されてしまう程度の類似性があるとは思います。でも、それ以上は、つまり、おっしゃるような一目瞭然の類似性があるとは、思えません。

記者：あなたの作品には、信仰の危機に陥るユダヤ教徒がよく出てきますが、なぜだとお考えですか？

|用語解説|

❶**Hollywood**　ハリウッド　★ロサンゼルス南西部の地区で、古くから映画の撮影所が集中していたため、「アメリカ映画界」の意味でも使われる。

Allen: You know, I write about what I know. I grew up in a Jewish family. You know, interestingly enough, in this picture, *Café Society*, probably the mother and father are the two people that are closest to anything in my life. The brother that ❶Corey played, uh, or the character ❷Blake and ❸the character Kristen plays, I ①wouldn't know from a hole in the wall. But the mother and father, who, you know, are ②constantly ③bickering and ④berating one another, and ⑤occasionally speaking in ⑥Yiddish, is how I grew up. And so I, it's easy for me to write about. It's just, uh, just simple. I can be ⑦authentic about it because I, I lived through it.

|語　注|

①**wouldn't know ~ from a hole in the wall**　～をまったく知りもしない、～などとても知りようがない
②**constantly**　絶えず、いつも
③**bicker**　言い争う、口げんかをする
④**berate**　ガミガミ言う、非難する
⑤**occasionally**　時折
⑥**Yiddish**　イディッシュ　★ユダヤ人が用いる、ドイツ語とヘブライ語の混成言語。
⑦**authentic**　本物の、信頼の置ける

アレン：まあ、私は、自分の知っていることを書きますから。私はユダヤ人の家庭で育ちました。とても面白いのは、この映画『カフェ・ソサエティ』では、たぶん、母親と父親の二人が、私の実生活上のものに最も近いのです。コリーの演じた兄や、ブレイクやクリステンの演じた登場人物は、私とは縁もゆかりもありません。でも母親と父親は、絶えず言い合いやけなし合いをして、時折イディッシュで話したりしていますね。私はそんな中で育ちました。ですから、その様子を書くのは、私にとって簡単です。お手のものです。真実味を持たせられますよ、自分がそこを生き抜いてきたのですから。

|用語解説|

❶**Corey (Stoll)**　コリー（・ストール）★(1976-)。本作で主人公の兄を演じた、アメリカ人俳優。

❷**Blake (Lively)**　ブレイク（・ライブリー）　★(1987-)。本作で主人公がニューヨークで出会う女性を演じた、アメリカ人俳優。

❸**the character Kristen plays**　★クリステン・スチュワートが演じた、主人公がハリウッドで出会う女性。

TRACK 09

Laugh or Die

Reporter: Please tell us about the use of ①narration in the movie.

Allen: Oh, well, this, this movie was originally ②conceived, and what I want to do is have the ③structure of a novel, a book. And I wanted it to be about a family that, and you met the father and mother, and you met the children, and the brothers and sisters. And then, Jesse as the protagonist got involved with other characters.

And it was, I wanted it to have the ④scope of a novel that ⑤took place ⑥over a period of time, and, and there were not one single ⑦incident in it but a number of different incidents. And I felt it should, like a novel, have the voice of the author in it.

And since I was the author, I did the narration. Otherwise, I would have gotten somebody else to do it. But I ⑧figured, you know, I ⑨may as well do it myself because, you know, I wrote it and, and, uh, I could narrate it, and it's cheaper, you know. *(laughter)*

| 語　注 |

①**narration**　ナレーション、語り　★下から2行目のnarrateは動詞で、「ナレーションをする、語る」の意。
②**conceive**　（～を）思い付く、（～を）着想する
③**structure**　構造、構成
④**scope**　範囲、規模
⑤**take place**　起こる、行われる
⑥**over a period of time**　ある期間にわたって
⑦**incident**　出来事、事件
⑧**figure (that) . . .**　……と思う
⑨**may as well do**　～する方がいいかもしれない、～してもよさそうだ

笑わないと死んでしまう

記者：本作でナレーションを使ったことについて、お話しください。

アレン：ああ、それは、この映画のもともとの着想は、私の狙いは、小説のような、本のような構成にすることです。そして、家族をテーマにしたものにしたかったのです。だから、父と母が登場し、また、子どもたちや、きょうだいが登場したのです。それから、主人公であるジェシーが、ほかの登場人物たちと関わっていったわけです。

そして、この映画には、ある期間に起こった（ことを書く）小説のような範囲設定を、持たせたかったのです、それも、1つの出来事でなく、幾つものいろいろな出来事が詰まった形で。それで、小説のようにしよう、書き手の声を入れよう、という気になりました。

そこで、私が書き手ですから、私がナレーションをやりました。そうでなければ、ほかの人にナレーションをしてもらったでしょう。でも、思ったのです、私が自分でやればいいじゃないかと。何しろ書いたのは私だし、ナレーションはできるでしょうから、それに安上がりです。(笑い)

Reporter: A ①line in the film that ②struck me was, "Life is a comedy written by a ③sadistic comedy writer." Could you comment on that?

Allen: Yeah, you know, you can look at life as being ④amusing. You see a, you know, the example I gave was a, a husband is ⑤cheating on his wife, and he's making all kinds of appointments to be ⑥secretive and have ⑦clandestine meetings. And you watch this and it's funny. It's amusing to the ⑧outsider. It's got a ⑨farcical element to it.

But it's also very sad. If you ⑩penetrate it more deeply, it becomes very sad, because, ⑪obviously the wife is being ⑫betrayed and the people are, ⑬have empty lives and they're ⑭carrying on an ⑮affair.

And so, you can look at it as amusing, but it's got a, a very sad element to it. And when you hear people say, "Well, ⑯what are you gonna do? I have to laugh at it, because if I don't laugh, I'll ⑰kill myself," what they're really saying is that, they're, uh, ⑱adopting a comic ⑲perspective to an ⑳existence ㉑that's fraught with ㉒peril and sadness and ㉓cruelty.

| 語　注 |

①**line**　(1節の)せりふ
②**strike**　(〜の)心を打つ、(〜に)強い印象を与える
③**sadistic**　サディスト的な、加虐的な
④**amusing**　面白い、楽しめる
⑤**cheat on ~**　〜を裏切って浮気をする
⑥**secretive**　秘密主義の、隠したがる
⑦**clandestine**　秘密の、内密の
⑧**outsider**　部外者、外部の人間
⑨**farcical**　茶番劇風の、滑稽な
⑩**penetrate**　(〜に)入り込む、(〜を)見通す
⑪**obviously**　明らかに、どう見ても
⑫**betray**　(〜を)裏切る
⑬**have an empty life**　空虚な人生を送る　★emptyは「空っぽの」の意。
⑭**carry on ~**　〜を続ける
⑮**affair**　情事、浮気
⑯**What are you gonna do?**　どうするのか？、(反語的に)どうしようもない。　★gonnaはgoing toのくだけた発音。
⑰**kill oneself**　自殺する
⑱**adopt A to B**　AをBに取り入れる
⑲**perspective**　見方、観点
⑳**existence**　存在、生存、生活
㉑**be fraught with ~**　〜に満ちている、〜をはらんでいる
㉒**peril**　危機、(差し迫った)危険

記者：作中のせりふでとても印象に残ったのが、「人生は、サディスティックな喜劇作家が書いた喜劇だ」です。これに関してコメントをいただけますか？

アレン：ええ、人生を愉快なものと見ることもできます。ほら、（今作で）私の出した例としては、夫が妻を裏切って浮気をしていて、いろいろと約束をしては、ばれないように密会をします。それを見るのは笑えます。部外者からすると愉快ですよ。茶番劇的要素がありますよね。

　ですが、とても悲しくもあります。もう少し深く掘り下げると、とても悲しくなるのは、当然、妻は裏切られているわけですし、その人たちも、むなしい人生を送りながら、不倫を続けているのですから。

　ですから、面白いと見ることもできますが、とても悲しい要素もあります。つまり、人々が「仕方ない。笑い飛ばすしかない、だって、笑わなかったら自殺してしまうんだから」と言うとき、彼らが本当に言おうとしているのは、危機と悲しみと残酷さに満ちあふれた生活に、喜劇的な視点を持とう、ということなのです。

㉓cruelty　残酷さ、残忍性

TRACK 10

Dog-Eat-Dog Hollywood

Reporter: There's a funny line in the film that says about Hollywood being boring and ①nasty and ②dog-eat-dog, and I wondered if this ③reflected your experience of Hollywood.

Kristen Stewart: You know, there's definitely a, ha, an ④undeniably ⑤opportunistic, hungry, ⑥insane ⑦fervor that occurs. And it's really ⑧apparent who, who's that, when people don't care about that kind of stuff, and what ⑨drives you is, sort of, like, you know, the things that get you up in the morning. Like, you know, if you're actually an artist that wants to tell a story, it's a ⑩compulsion. It's not something that you do because you wanna ⑪entertain people or because you wanna make ⑫a bunch of money. And, but most people wanna entertain people and make a bunch of money.

That's pretty ⑬rampant. Yeah, Hollywood, you know, people are I, I think human beings are always, like, ⑭clawing at each other to get on top. I think that's, kind of, in every ⑮walk, uh, you know, probably in m—most industries. But Hollywood's pretty, um, it can have, like, a ⑯surface ⑰nature that makes it, uh, more obvious, yeah.

|語　注|

①**nasty**　意地の悪い、ひどい
②**dog-eat-dog**　食うか食われるかの、弱肉強食の
③**reflect**　(～を)反映する、(～を)映し出す
④**undeniably**　否定しようもなく、紛れもなく
⑤**opportunistic**　日和見主義的な、機を見るに敏な
⑥**insane**　正気でない、常軌を逸した
⑦**fervor**　熱烈さ、熱情
⑧**apparent**　明白な
⑨**drive**　(～を)駆り立てる
⑩**compulsion**　(抑え難い)衝動
⑪**entertain**　(～を)楽しませる
⑫**a bunch of ~**　山ほどの～
⑬**rampant**　激しい、蔓延(まんえん)した
⑭**claw at each other**　激しく戦う、いがみ合う　★clawは「爪を立てる、爪をむき出して攻撃する」の意。
⑮**walk**　職業　★＝walk of life。
⑯**surface**　表面的な、外見の
⑰**nature**　性質、本質

食うか食われるかのハリウッド

記者：本作の中に、ハリウッドは退屈で不愉快な、弱肉強食の世界だ、という面白いせりふがありますが、これは、あなたのハリウッドでの経験を表しているのでしょうか？

クリステン・スチュワート：まあ、確かに、紛れもなく、チャンスに便乗しようと貪欲な、尋常ではない熱気が発生していますね。それに、まさに明らかです、そういうことに興味のない人がいたら、その人を駆り立てるのは、つまり、朝起きる気にさせてくれるもののことですが――例えば、ストーリーを紡ぐアーティストなら、それは（創造的な）衝動です。人を楽しませたいから仕事をするのでも、大金を稼ぎたいからするのでもありません。でも大半の人は、人を楽しませたいとか大金を稼ぎたいとか思っているのです。

それが、かなり顕著なのです。ええ、ハリウッドでは、人が、人間同士が、トップの座を巡ってしのぎを削っていると思います。それは、言ってみれば、どんな仕事でも、たぶんほとんどの業界にもある話でしょう。でもハリウッドはかなり、まあ、表立つ性質があるので、目に付きやすいんですね。

Allen: You know, Hollywood in the '30s was ①dominated by the ②studios, and it was a, uh, a very dog-eat-dog ③cutthroat world. Now, I'm sure, as Kristen says, it ④was true of many businesses — of, uh, big business, of ❶Wall Street, of politics, but it was very ⑤illuminated in Hollywood.

Everything that was done in Hollywood — from film ⑥industry ethics to their ⑦love lives and ⑧divorce rates and things — were always, you know, ⑨super-covered and very hot news ⑩all over, and more exciting news to the public. And, but they were a, it w—was a dog-eat-dog industry, and full of, um, you know, and probably still is, ⑪for all I know.

Reporter: Would you describe yourself as a romantic?

Allen: I had always thought of myself as romantic. Now, uh, this is not necessarily ⑫shared by the women in my life. *(laughter)* But I have always thought of myself as a very romantic character.

|語　注|

①**dominate**　(～を)支配する、(～を)牛耳る
②**studio**　映画の撮影スタジオ、映画製作会社
③**cutthroat**　過酷な、(競争などが)熾烈な　★原義は「喉をかき切る(ような)」。
④**be true of ~**　～について当てはまる
⑤**illuminate**　(～に)光を当てる、(～を)はっきり浮かび上がらせる
⑥**industry ethics**　業界倫理
⑦**love life**　恋愛生活、恋愛関係
⑧**divorce rate**　離婚率
⑨**super-cover**　★cover(～を報道する)にsuper-を付けて強調した形で、「大げさに報道する」の意。
⑩**all over**　至る所で
⑪**for all I know**　私の知るところでは、おそらく
⑫**share**　(気持ちなどを)共有する

アレン：ご存じでしょうが、1930年代のハリウッドは、映画製作会社を中心に回っていて、まさに弱肉強食の、競争の熾烈(しれつ)な世界でした。そう確かに、クリステンが言うように、多くの業界——大企業にも当てはまったことで、ウォール街や政界などもそうですが、ハリウッドではそれが浮き彫りになっていました。

ハリウッドで起こることは、何もかも——映画業界の倫理から、恋愛事情や離婚率といったことまで——常に度を越した報道がされ、至る所でホットなニュースに、一般大衆が大騒ぎするニュースになりました。そして、それでも——弱肉強食の業界であったし、それもいろいろとまあ、おそらく今でもそうですね、私の知る限り。

記者：ご自身のことを、ロマンチックな人物だと評されますか？

アレン：私は昔から、自分のことをロマンチックだと思っていました。まあ、これについては、私の人生で関わった女性に共感してもらえるとは限りませんが。(笑い) でも、私は常々、自分のことをとてもロマンチックな人間だと思っています。

|用語解説|

❶**Wall Street**　ウォール街　★ニューヨークの金融街で、アメリカ金融業界の代名詞。直前のofは、④のtrueから続く。

And I think [①]if you were to ask the women, some of them might say that they thought that I was, but I think they're thinking of it in a different way. They're not thinking of it as romantic in the sense you think of [❶]Clark Gable or [❷]Cary Grant romantic. They're thinking more like a romantic fool.

And they think that I [②]romanticize [❸]New York City, that I romanticize the past, that I romanticize [③]relationships, love relationships, and I probably do. And it probably is foolish, but, [④]for some reason, I [⑤]was brought up on Hollywood movies, and they had [⑥]a [⑦]indelible influence on me. And so, this is what I tend to do.

|語　注|

①**if A were to do**　仮にAが〜するとしたら
②**romanticize**　(〜を)ロマンチックに描く
③**relationship**　人間関係、(特に)恋愛関係　★「恋愛関係」であることをはっきりさせるため、love relationshipと言い直している。
④**for some reason**　ある理由で　★アレンは、家での居心地が悪かった少年期に、映画に没頭していた。
⑤**be brought up on ~**　〜を栄養に育てられる、〜を糧に育つ
⑥**a**　★正しくはan。
⑦**indelible**　消せない、拭い去れない

その女性たちに尋ねてみたら、私のことをロマンチックだと思った、と答える人もいるかもしれませんが、彼女たちは「ロマンチック」を別の意味に捉えているんだろうと思います。彼女たちは、人がクラーク・ゲーブルやケーリー・グラントをロマンチックだと考えるような意味で、ロマンチックと思っているわけでないのです。どちらかというと、夢見るおばかさん、と（私のことを）思っているのです。

そして、私がニューヨークをロマンチックに描くとか、過去をロマンチックに描くとか、人間関係や恋愛をロマンチックに描くとか思われていますが、まあそうかもしれません。そしてそれは、ばかげたことかもしれません。が、事情があって、私はハリウッド映画で育ち、その影響が染み付いたのです。そのおかげで、私にはこういう傾向があるわけです。

|用語解説|

❶**Clark Gable**　クラーク・ゲーブル★(1901-60)。『或る夜の出来事』(1934)に主演し、『風と共に去りぬ』(39)ではレット・バトラーを演じた、アメリカ人俳優。
❷**Cary Grant**　ケーリー・グラント★(1904-86)。数々のロマンチック・コメディーに主演し、『北北西に進路を取れ』(1959)などのヒッチコック作品にも出演した、イギリス出身の俳優。
❸**New York City**　★アレンはニューヨーク出身で、ニューヨークを描いた作品が非常に多い。

TRACK 11

Discovering Kristen

Reporter: Kristen, I wonder if you could tell us what it was like to work with Woody.

Stewart: If you listen to a song and you know that band, and maybe you don't know that song, you can kind of [1]go, "Oh, I, I'm, I [2]recognize that." Um . . . like, it's, um, immediately recognizable if it's a [3]familiar artist. His movies have that. Uh, they're just [4]absolutely [5]particular.

At first, I [6]was really aware of that and wondered if I was ever gonna [7]fit into it. I've always worked [8]extremely, or at least the, the work that's, I've really enjoyed and, like, I haven't really had to [9]step outside of my [10]natural [11]default settings, my [12]personality, my [13]demeanor.

So, in this case, I was more, I approached it in a way that I luckily [14]abandoned, um, almost immediately once we started filming. Um, but at first, I thought that I was gonna have to [15]learn [16]every single line perfectly, and we were gonna, you know . . . He doesn't rehearse or anything like that, but I, I [17]felt as though I needed to prepare. And [18]I'm really bad at that, and it didn't really [19]work out. And, luckily, once we [20]got going, that [21]tonal quality that's so familiar and immediately recognizable, it just happens [22]intrinsically.

| 語　注 |

①**go . . .**　……と言う
②**recognize**　(～を)識別する、(～が)それだとわかる　★次行のrecognizableは形容詞で、「識別できる」の意。
③**familiar**　なじみが深い、よく知っている
④**absolutely**　絶対に、まったく
⑤**particular**　固有の、特有の
⑥**be aware of ~**　～に気付いている、～を意識している
⑦**fit into ~**　～にうまく入り込む、～にしっくり合う
⑧**extremely**　極端に、極めて
⑨**step outside of ~**　～から外へ出る
⑩**natural**　自然のままの、生来の
⑪**default setting**　初期設定
⑫**personality**　性格、人格
⑬**demeanor**　(性格による)振る舞い、態度
⑭**abandon**　(～を)捨て去る、(～を)放棄する
⑮**learn**　(～を)暗記する
⑯**every single**　ありとあらゆる
⑰**feel as though . . .**　……であるかのように感じる
⑱**be bad at ~**　～が苦手である
⑲**work out**　うまくいく
⑳**get going**　動き出す、やり始める
㉑**tonal**　音調の、色調の、雰囲気の
㉒**intrinsically**　本質的に、内因的に

クリステンを発掘

記者：クリステンさん、ウディさんと一緒に仕事をするのはどうだったか、話していただけませんか？

スチュワート：歌を聴いていて、そのバンドは知っているけれどその歌は知らない、というようなときでも、「ああ、わかる、あれだ」みたいには言えますよね。よく知っているアーティストなら、すぐそれとわかります。彼の映画にも、そういうところがあります。まったく独特なのです。

最初は、そのことをとても意識してしまって、そもそも自分がそこになじめるだろうか、と心配していました。私の仕事はこれまで、いつも極端で、少なくとも、自分が心から楽しめるものでしたし、自分の持って生まれた初期設定、性格、行動パターンの外に踏み出す必要があまりなかったのです。

ですから、今回は、もっと（違う仕方で）役にアプローチしてみました、そのやり方は、幸い、撮影が始まった途端に放り出しましたが。でも、最初は思っていたんです、きっとせりふを一行残らず、完璧に暗記しなくてはいけないのだろうと、そしてきっと、ね……。彼はリハーサルだとかそういうことをしないのですが、私は、準備しなければいけないかのように感じていました。私はそれがすごく苦手で、うまくできたためしがないんです。それが、幸いなことに、いったん始まってしまうと、よく知っていてすぐにそれとわかるあの雰囲気が、それが内側から生まれてきました。

It, it was really natural, um, once we actually found the character and, um, and once I actually ①got comfortable with that ②version of myself. You know, it's never like completely changing yourself, but it's like finding things that are a little bit more ③varied. He probably saw something in me that I didn't. And, uh, that's the best feeling in the world. That's why I really liked doing this. It's the best relationship you can have with a director — is when they show you something about yourself you didn't know.

Reporter: And, Woody, what was it about Kristen that made you choose her for the part?

Allen: She was a perfect person for the part. I needed somebody who could play an ④adorable, little secretary from ❶Nebraska with little white socks on and little dresses. And she could be this ⑤sweet, little girl that you thought of, you know, just as, just ⑥as cute as a button, and you'd believe it.

|語　注|

①**get comfortable with ~**　～と打ち解ける、～になじむ
②**version**　バージョン、版
③**varied**　変化のある、多様な、変えられた
④**adorable**　愛らしい、魅力的な
⑤**sweet**　優しい、かわいい
⑥**as cute as a button**　（小さくて）とてもかわいらしい

とても自然なことでした、いったん役柄をきちんとつかんで、自分のそのバージョンにいったん慣れてしまえば。つまり、決して、その、自分をすっかり変えてしまうというわけではなくて、ちょっとだけ違うバリエーションを見つける感じです。彼はたぶん、私の中に、私自身には見えていなかった何かを見ていたのでしょう。それはもう、この世で最高の気分です。だから、この作品は本当に楽しめました。映画監督との間に築くことのできる、最高の関係です——自分にある、自分でも気付いていなかったものを、監督に見せてもらえるというのは。

記者：ではウディさん、クリステンをこの役に抜擢（ばってき）する決め手となった、彼女の持ち味とは何でしたか？

アレン：彼女は、あの役にぴったりでした。私は、短い白いソックスを履いて丈の短い服を着た、ネブラスカ出身のかわいらしい秘書を演じられる人を、必要としていました。彼女はイメージそのままの、本当にかわいらしいすてきな若い女性を演じることができ、観客を納得させられそうでした。

|用語解説|

❶**Nebraska**　ネブラスカ　★アメリカ中西部の州。

And then, later in the movie, you could see her in furs and jewels, and she would look just ①smashing and elegant and could play that character having ②transformed her life in a different way. And we thought Kristen could do it, that she would be perfectly ③believable as a sweet, ④naive ⑤thing from Nebraska, and she would be completely believable as a ⑥sophisticated beauty in ⑦cosmopolitan ❶Manhattan. So, uh, it was a ⑧no-brainer.

Coordinated by Jordan Riefe

Narrated by Chris Koprowski

|語　注|

①**smashing**　素晴らしい、極上の★口語。
②**transform**　(～を)変形させる、(～を)変容させる
③**believable**　真実味のある
④**naive**　素朴な、純真な
⑤**thing**　人、子　★通例、女性や子どもに対して、親しみや軽蔑などを込めて使う。
⑥**sophisticated**　洗練された
⑦**cosmopolitan**　世界主義的な、国際的な
⑧**no-brainer**　頭を使う必要がないこと、考えるまでもないこと

そして、映画の後の方では、毛皮と宝石をまとった彼女を目にすることができますが、その姿は実に華麗でエレガントで、あの登場人物が自身の人生を一変させたのを、演じてくれました。私たちは、クリステンならそれができると思っていましたし、彼女なら、ネブラスカ出身のかわいい、うぶな女の子にもなり切れるし、国際都市マンハッタンの洗練された美女にもなり切れるだろう、と思っていました。考え込む必要など、まったくありませんでした。

用語解説

❶**Manhattan** マンハッタン ★ハドソン川の中洲にある、ニューヨークの中心地区。

Vocabulary List

A

□ a bunch of ~　山ほどの～

□ adopt A to B　AをBに取り入れる

B

□ be brought up on ~　～を栄養に育てられる、～を糧に育つ

□ be fraught with ~　～に満ちている、～をはらんでいる

□ be nothing like ~　～とはまるで違う、～とは別物である

□ be obligated to do　～する義務がある、～しなければならない

□ be true of ~　～について当てはまる

□ berate　ガミガミ言う、非難する

□ bicker　言い争う、口げんかをする

C

□ carry on ~　～を続ける

□ cheat on ~　～を裏切って浮気をする

□ clandestine　秘密の、内密の

□ claw at each other　激しく戦う、いがみ合う　★ claw は「爪を立てる、爪をむき出して攻撃する」の意。

□ complexity　複雑さ

□ compulsion　（抑え難い）衝動

□ conceive　（～を）思い付く、（～を）着想する

□ cutthroat　過酷な、（競争などが）熾烈な　★原義は「喉をかき切る（ような）」。

D

□ demeanor　（性格による）振る舞い、態度

□ dog-eat-dog　食うか食われるかの、弱肉強食の

□ dominate　（～を）支配する、（～を）牛耳る

F

□ farcical　茶番劇風の、滑稽な

□ fervor　熱烈さ、熱情

□ fictional　架空の

□ fit into ~　～にうまく入り込む、～にしっくり合う

□ for all I know　私の知るところでは、おそらく

G

□ get comfortable with ~　～と打ち解ける、～になじむ

□ get involved with ~　～と関わり合いを持つ、～と付き合う

I

□ illuminate　（～に）光を当てる、（～を）はっきり浮かび上がらせる

□ in the ballpark of ~　およそ～の

□ indelible　消せない、拭い去れない

□ inevitably　必然的に

□ intrinsically　本質的に、内因的に

O

□ occasionally　時折

□ opportunistic　日和見主義的な、機を見るに敏な

□ over a period of time　ある期間にわたって

P

□ penetrate　（～に）入り込む、（～を）見通す

□ perspective　見方、観点

□ protagonist　主人公

□ put ~ in one's own words　～を自分自身の言葉で話す

R

□ rampant　激しい、蔓延した

S

□ secretive　秘密主義の、隠したがる

T

□ take place　起こる、行われる

□ tonal　音調の、色調の、雰囲気の

U

□ undeniably　否定しようもなく、紛れもなく

W

□ walk　職業　★＝ walk of life。

理解度チェック

インタビューの内容に一致するものは □ Yes を、一致しないものは □ No をチェックしてください。

※質問の難易度の表示は、A＝易しい、B＝普通、C＝難しい、を表します

目標正答数	初級レベル▶ ☑ 3問以上	中級レベル▶ ☑ 6問以上	上級レベル▶ ☑ 8問以上

Questions		Yes	No
1	ウディ・アレンによると、ジェシー・アイゼンバーグの演技には、アレン自身が演じる場合に比べて深みが感じられる。 (難易度 A)	□	□
2	アレンは俳優たちに、脚本にとらわれることなく自分の言葉でしゃべってもらいたいと思っている。 (難易度 A)	□	□
3	アレンによると、『カフェ・ソサエティ』に出てくる父母の役柄は、アレン自身の両親とはかけ離れている。 (難易度 A)	□	□
4	アレンが自分で『カフェ・ソサエティ』のナレーションをした理由は、ナレーション代が安すぎて声優から断られたためである。 (難易度 B)	□	□
5	アレンは、人生には愉快さと悲しみの両方の要素があると見なしている。 (難易度 A)	□	□
6	クリステン・スチュワートによると、ハリウッドはチャンスを狙うための闘いが特に目立ちやすい業界である。 (難易度 C)	□	□
7	アレンは自分自身のことを、ロマンチックさに欠ける人間だと感じている。 (難易度 A)	□	□
8	スチュワートは、アレンと仕事するに当たって、最初は映画の雰囲気になじめないかもしれないと心配だった。 (難易度 C)	□	□
9	スチュワートは、『カフェ・ソサエティ』での演技の際は、自分の人格を完全に変えるよう指示されたと述べている。 (難易度 C)	□	□
10	アレンがスチュワートを抜擢した理由は、かわいらしい秘書も華麗な都会派女性も演じられるからである。 (難易度 A)	□	□

答え：Q1. Yes／Q2. Yes／Q3. No／Q4. No／Q5. Yes／Q6. Yes／Q7. No／Q8. Yes／Q9. No／Q10. Yes

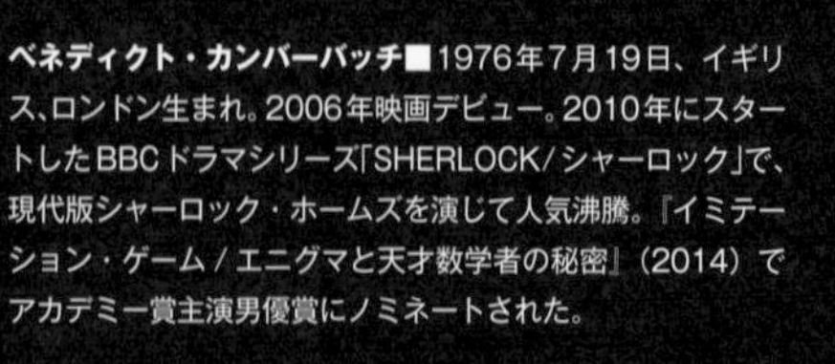

ベネディクト・カンバーバッチ■1976年7月19日、イギリス、ロンドン生まれ。2006年映画デビュー。2010年にスタートしたBBCドラマシリーズ「SHERLOCK/シャーロック」で、現代版シャーロック・ホームズを演じて人気沸騰。『イミテーション・ゲーム/エニグマと天才数学者の秘密』(2014)でアカデミー賞主演男優賞にノミネートされた。

Benedict Cumberbatch

Benedict Cumberbatch

TRACK 12

■収録日：2016年6月15日　■収録地：ロサンゼルス（アメリカ）

スピード　かなり速い
語彙　かなり難しい
発音　かなり聞き取りづらい

「順風満帆の役者人生を楽しむ実力派」

"You have to reinvent the wheel slightly. You can't just replicate it."

「少し作り直す必要はあるね。複製するだけじゃ駄目だ」

Naoki Ogawa's Comment

標準的な英国英語は聞きやすいと私たちは考えがちだ。しかし実はそうでもない、というのが彼の英語。出だしのトラック13がとりわけ難しい。早口である（しかも英国英語は米語に比べ母音が短いのでなおさら速く聞こえる）、音が崩れる（弱化）、つぶやくような話し方のため発音の明瞭度がやや低い、さらに聞きなれない単語を使う、文の区切れがあまりなく長く話し続けるなど、聞き取りの難しさが集約されたような部分だ。ただ、トラック14以降は、インタビューの答えらしい話し方で、聞きやすくなる。

写真：ZUMA Press/ アフロ

TRACK 13

A Superhero Moment

Reporter: How did it feel knowing that ❶Scott and ❷Kevin had ①rearranged the ②shooting of the film ③around your ④availability?

Benedict Cumberbatch: It's ⑤incredibly ⑥flattering. It's a weight of responsibility as well, obviously. But, um, it's a great ⑦motivator to try and do a good job and ⑧fulfil, you know, ⑨the promise they've shown in you — so, er, or that they've given to you. I always ⑩get that phrase wrong, but you know what I mean. It's a good thing. It's a very good place to start from.

Reporter: When you first saw yourself dressed as ❸Doctor Strange, in the costume and ⑪cloak, what did you think?

|語　注|

①**rearrange**　(～を)手配し直す、(～を)再調整する
②**shooting**　撮影
③**around ~**　～を中心として
④**availability**　空き状況、都合
⑤**incredibly**　信じられないほど
⑥**flattering**　喜ばせるような
⑦**motivator**　動機付け、意欲をかき立てるもの
⑧**fulfil a promise**　約束を果たす　★fulfilはイギリス式つづり。アメリカ式ではfulfill。
⑨**the promise they've shown in you**　★show promiseで「(主語が)有望である」という意味だが、ここでは「(相手への)期待を示す」という意味で使っている。
⑩**get ~ wrong**　～を誤解する、～の意味を間違う
⑪**cloak**　マント　★ドクター・ストレンジが身に着ける、体が宙に浮かぶ「浮遊マント」を指す。

スーパーヒーローになる瞬間

記者：スコットさんとケヴィンさんがあなたの都合に合わせて映画の撮影計画を立て直したと聞いて、どう感じましたか？

ベネディクト・カンバーバッチ：信じられないほど光栄です。もちろん、責任の重さもあります。ですが、やる気を大きくかき立てられます、いい仕事をしようと努力し、彼らが僕の中にあると感じて、見せてくれた期待に応える――つまり、彼らの厚意に応えるために。この言い回しをいつも間違えてしまうんですが、言いたいことはわかりますよね。ありがたいことです。いいスタートを切ることになりました。

記者：衣装とマントを着けてドクター・ストレンジになった自分の姿を初めて見たとき、どう思われましたか？

|用語解説|

❶**Scott (Derrickson)**　スコット(・デリクソン)　★(1966-)。ここで話題になっている映画『ドクター・ストレンジ』(2016)の監督。
❷**Kevin (Feige)**　ケヴィン(・ファイギ)　★(1973-)。本作のほか、マーベルの映像作品を手掛けているプロデューサー。
❸**Doctor Strange**　ドクター・ストレンジ　★カンバーバッチが演じる本作の主人公。優秀な神経外科医だったが交通事故で両手にけがを負い、回復の道を探るうち、魔術に出合う。

Cumberbatch: I was, sort of, ①giddy, like a child at Halloween. I just, it was the first moment, really, ②properly, and ❶Alex ③spotted it — our ④brilliant designer, who's done a few of these films. And she ⑤went, "Oh, you're having the superhero moment, aren't you?" *(laughter)* "Er, yeah, I think I am."

It really was the ⑥penny-drop moment for me. Er, this film had lots of ⑦alluring qualities, and lots of things that made me really wanna go to it, and this character ⑧in particular, and in particular what Scott and, and Kevin were ⑨pitching to me as his ⑩trajectory, his ⑪origin story and where he was gonna ⑫lie within ❷the Marvel Cinematic Universe.

But the journey he goes on was, sort of, ⑬supremely important to me. And the qualities of drama, but also great humour ⑭amongst that ⑮profundity and that ⑯oddness, and unique ⑰weirdness and ⑱newness that we were gonna bring ⑲visually. So, um, I'd, kind of, ⑳put the hero thing on the back burner. So, when I first, sort of, had that moment, it really was quite giddy. I just did ㉑end up just ㉒giggling.

|語　注|

①**giddy**　目まいがするような、目もくらむような喜びに浸った
②**properly**　まったく、すっかり　★主にイギリス英語での意味。
③**spot**　(〜を)見つける、(〜に)気付く
④**brilliant**　才気にあふれた、優秀な
⑤**go . . .**　……と言う
⑥**penny-drop**　合点がいく　★イギリス英語の口語。ここでは形容詞だが、the penny drops(合点がいく)の形で使われることが多い。
⑦**alluring**　うっとりさせるような
⑧**in particular**　特に、とりわけ
⑨**pitch A to B**　BにAを話す　★イギリス英語の口語。
⑩**trajectory**　軌道、軌跡
⑪**origin**　起源、発端
⑫**lie**　存在する、位置する
⑬**supremely**　最高に、極めて
⑭**amongst**　★＝among。
⑮**profundity**　深さ、深遠
⑯**oddness**　奇妙であること
⑰**weirdness**　奇異、この世のものとは思えないこと
⑱**newness**　斬新さ
⑲**visually**　視覚的に、見た目に
⑳**put ~ on the back burner**　〜を二の次にする、〜は後回しにする
㉑**end up doing**　〜して終わる、最後には〜することになる

カンバーバッチ： 何というか、目もくらむほどわくわくしていました、ハロウィーンの（仮装でヒーローのコスチュームを着た）子どもみたいに。とにかく、あれは本当に、まさに最初の瞬間で、アレックスがそれに気付いて——これら（マーベル）の映画を幾つか手掛けている素晴らしい衣装デザイナーですが。彼女が言ったんです、「あら、スーパーヒーローに変身するところなのね」と。(笑い)「ああ、うん、そうなんだよ」。

あれは僕にとってまさに、これだという瞬間でした。つまり、この映画は、ぜひ参加したいと思わせる魅惑的な特色やいろいろなものに、満ちあふれていました。このキャラクターは特にそうです、特にスコットとケヴィンが、この主人公の軌跡、ヒーロー誕生の物語として話してくれたこと、そしてマーベル・シネマティック・ユニバースの中で彼がどこに位置することになるかについて、話してくれたことは。

ですが、彼のたどる道のりが、まあ、僕にとっては何よりも重要でした。それに、ドラマ性と、それでいてとてもユーモアのあるところもそう（重要）です、僕たちが視覚的に表現しようとしていた、あの深遠さと不思議な感じ、独特の異世界感と斬新さの中で。それで、ヒーロー部分に関しては、なんとなく二の次になっていました。ですから、いざその瞬間を迎えたときに、本当に目がくらみそうでした。最後にはもう、（うれしさで）くすくす笑うばかりでした。

㉒giggle　くすくす笑う

|用語解説|

❶**Alex**　★Alexandra Byrne（アレクサンドラ・バーン、1962- ）。本作の衣装デザイナー。『エリザベス：ゴールデン・エイジ』(2007) でアカデミー賞衣装デザイン賞を受賞。

❷**the Marvel Cinematic Universe**　★映画化されたマーベル・コミックのヒーローたちが共有する架空の世界。

And then the second time it really ①hit home was near the end of the main body of a shoot in . . . when we were in New York. We were in f—on ❶Fifth Avenue, and there were as many ②paparazzi as there were crew. It was getting a little bit ③surreal, but we were on Fifth Avenue, and running down it and, sort of, jumping — well, skipping really, but — jumping to fly, and there was ❷the Empire State Building in the same, er, ④eye line, and it was just a moment of magic to think that, you know, the men and women that first ⑤crafted these comics, y—on the, on the floors of some of those, that building and other buildings in that town, and there I was playing one of those characters.

❸Tilda Swinton: And didn't you go into ❹Forbidden Planet, or you went into a comic bookstore there?

Cumberbatch: I went into a comic bookstore, which was the last day shooting in New York, and, and—

Swinton: And did you buy a *Doctor Strange* . . . ?

Scott Derrickson: . . . And you buy a couple of *Doctor Strange* comics. And so . . .

| 語　注 |

①**hit home**　胸を強く打つ、(発言などが)痛感させる
②**paparazzi**　パパラッチ、有名人を追い掛け回すカメラマン　★通例、複数形で用いる(単数形はpaparazzo)。
③**surreal**　非現実的な、シュールな　★発音は[sərí:əl]。
④**eye line**　目線、視線
⑤**craft**　(〜を手作業で)作る、(〜を)作り上げる

その後、2度目に強い感動を覚えたのは、主な部分の撮影終了間近で、ニューヨークにいたときです。5番街にいました。撮影クルーと同じぐらいたくさんのパパラッチがいて、ちょっとシュールな状況になっていましたが、とにかく5番街にいて、通りを走っていました、ジャンプしながら——まあ、実際はスキップですが——空を飛ぼうとジャンプしながら。そして、その同じ視線の先にはエンパイア・ステート・ビルがありました。それがまさに魔法の瞬間でした。このコミックシリーズを最初に作り出した人たちも、この街のあの建物か、別のどれかの建物の、どこかのフロアにいたんだと思うと、そしてその場所で自分がそうしたキャラクターの一人を演じているのだと思うと。

ティルダ・スウィントン：フォービドゥン・プラネットか、その辺りのコミック専門店に入ったんじゃなかった？

カンバーバッチ：コミック専門店に入ったよ。あれはニューヨークでの撮影最終日で——

スウィントン：『ドクター・ストレンジ』(のコミック）は買ったの？

スコット・デリクソン：そして『ドクター・ストレンジ』のコミックを何冊か買う、っていうね。それで……

|用語解説|

❶**Fifth Avenue** 5番街 ★ニューヨークの目抜き通り。映画では、魔法で空間を操りながら敵と戦うシーンがある。

❷**the Empire State Building** エンパイア・ステート・ビル ★5番街にある超高層ビルで、ニューヨークの名所の一つ。

❸**Tilda Swinton** ティルダ・スウィントン ★(1960-)。『フィクサー』(2007)でアカデミー賞助演女優賞を受賞しているイギリスの女優。本作では、ストレンジの魔術の師であるエンシェント・ワン(p. 77、❶参照)を演じた。

❹**Forbidden Planet** ★SF、コミックを専門に扱う書店チェーン。

Cumberbatch: No, I didn't have any money *(laughter)* so I didn't buy any, er, comics, but I, no, I, I offered my services. I said, "Look, i— if the film doesn't ①work out, I'll come and ②stack the shelves for you." *(laughter)*

Derrickson: That's right.

Cumberbatch: Might be a bit ③heartbreaking, like, "Oh, *Doctor Strange*, Issue No. 5. Oh, god . . ."

Derrickson: Yeah.

Cumberbatch: But yeah. Er, no, it was a magic, magic moment, ④no pun intended. It was very special. And ⑤utterly, like a lot of things in this film, very, er, sort of, not searched for. They ⑥came about ⑦for the right reasons. It really was the last place we were starting the last shot, of running away from ❶Mads, ❷Chiwetel and I, and there was that comic bookstore. It was ⑧incredible.

| 語　注 |

①**work out**　うまくいく、いい結果が出る
②**stack shelves**　棚に(商品を)並べる
③**heartbreaking**　胸が張り裂けそうな、とても悲しい
④**no pun intended**　★たまたまmagicという言葉を使ったが、本作のテーマである魔術に掛けたつもりはなかった、ということ。punは「しゃれ、語呂合わせ」の意。
⑤**utterly**　まったく、完全に
⑥**come about**　生じる、起こる
⑦**for the right reasons**　正当な理由で、しかるべくして
⑧**incredible**　信じられない、すごい、驚くべき

カンバーバッチ：いや、お金を持ってなかったんで（笑い）コミックは買わなかったけど、でもサービスの申し出はしました。こう言ったんです、「そうだ、もしこの映画がヒットしなかったら、本棚の整理をしに来ますよ」と。（笑い）

デリクソン：そうだったね。

カンバーバッチ：（もしそうなったら）ちょっと胸が痛いでしょうね、「おっと、『ドクター・ストレンジ 第5巻』だ。ああ……」という感じで。

デリクソン：うん。

カンバーバッチ：でも、そうですね。いや、とにかく、あれはとんでもない魔法の瞬間でした、しゃれを言っているのではなく。とても特別なことでした。しかも完全に、この映画のほかのさまざまなこともそうですが、とても、つまり、わざわざ探してそうなったのではないのです。なるべくしてそうなったのです。そこは、マッツからキウェテル（チュイテル）と僕が逃げる（撮影の）最後のショットのスタート地点で、そこにそのコミック専門店があったのです。信じられない偶然でした。

|用語解説|

❶**Mads (Mikkelsen)**　マッツ（・ミケルセン）　★（1965-）。『偽りなき者』（2012）でカンヌ国際映画祭男優賞を受賞している、デンマーク出身の俳優。本作では、不死を求めて闇の魔術を用いる敵役を演じた。

❷**Chiwetel (Ejiofor)**　キウェテル（・イジョフォー）　★（1977-）。イギリス出身の俳優。アカデミー賞主演男優賞にノミネートされた『それでも夜は明ける』（2013）でカンバーバッチと共演した。なお、Chiwetelは「チュイテル」に近い発音。

TRACK 14

Not Sherlock

Reporter: Doctor Strange is ①arrogant and confident until he's ②humbled by his fall and what he ③goes through. Would you agree that there are some ④parallels between him and ❶Sherlock Holmes?

Cumberbatch: Er, well, ⑤I'd say that fall's still going on, to be honest, er, in that particular ⑥franchise. But, um, so, no, I'd say it's slightly different. I mean, the, there's, in the ⑦Venn diagram of ⑧similarities, there is the ⑨crossover of clever and arrogant, I suppose, and ⑩workaholic. But, you know, Strange is a ⑪materialist, he's ⑫egocentric, yes, but he's got ⑬charm and he's ⑭witty. He's liked by his colleagues. He's had relationships with them. He's not, um, yeah, he's not this, sort of, ⑮cut-off si—⑯outsider, ⑰sociopathic, ⑱asexual ⑲obsessive that Sherlock is.

So, um, yeah, no, there's ⑳a world of difference. And he doesn't, you know, er, yeah, it, he lives in New York, and he eats bagels ㉑every now and again, so that's, that's also different. He's, you know, he's a ㉒man of the world, ㉓as opposed to Sherlock, who isn't.

| 語　注 |

①arrogant　傲慢な、思い上がった
②humble　(〜の)誇りを傷つける、(〜を)控えめにさせる
③go through 〜　〜(つらいこと)を経験する
④parallel　類似点、相似
⑤I'd say that . . .　私の意見では……、まあ……でしょう
⑥franchise　(映画、ドラマなどの)シリーズ
⑦Venn diagram　ベン図　★それぞれの集合を円で表し、円と円の重なった部分でその共通点を示す図。
⑧similarity　類似点
⑨crossover　交差(部分)
⑩workaholic　仕事中毒の
⑪materialist　物質主義者、実利主義者
⑫egocentric　自己中心的な、自分本位の
⑬charm　(人を引き付ける)魅力
⑭witty　機知のある、軽妙な
⑮cut-off　切り離された、孤立した
⑯outsider　部外者、よそ者、孤立者
⑰sociopathic　社会病質の、反社会的人格障害の
⑱asexual　性に興味のない、無性の　★発音は[eisékʃuəl]。
⑲obsessive　強迫観念に取りつかれた人
⑳a world of 〜　おびただしい量の〜

シャーロックとは違って

記者：ドクター・ストレンジは、転落とその後の経験によって謙虚になるまでは、傲慢で自信家です。彼とシャーロック・ホームズに幾つか共通点があるということには、同意なさいますか？

カンバーバッチ：うーん、そうですね、その（「SHERLOCK ／シャーロック」）シリーズについて言うなら、正直なところ、その転落というのはまだ続いています。ですが、いいえ、私が思うに、ちょっと違います。つまり、類似点を示すベン図ではたぶん、頭が切れて尊大で、それに仕事中毒だという部分は重なっています。ですが、ほら、ストレンジは実利主義者で確かに自己中心的ですが、彼には人間的魅力があり、ウイットに富んでいます。彼は同僚たちから好かれています。同僚たちと（ちゃんと）交流してきたんです。彼は、シャーロックのような、人と交わらない孤立した人間ではなく、反社会的で性に興味のない強迫神経症でもありません。

　ですから、ええ、いや、違いは山ほどあります。それに彼（ストレンジ）は、そう、ニューヨークに住んで、時々ベーグルを食べたりして、そういうところも違います。彼は、世慣れている人間です、そうでないシャーロックとは違って。

㉑every now and again　時々
㉒man of the world　世慣れた人、世間に通じた人
㉓as opposed to ~　～とは対照的に

|用語解説|

❶Sherlock Holmes　シャーロック・ホームズ　★コナン・ドイルの小説の主人公である名探偵。ここでは、カンバーバッチがBBCのテレビドラマシリーズ「SHERLOCK／シャーロック」で演じた現代版のホームズを指す。

TRACK 15

Inspiring Castmates

Reporter: In the film, Doctor Strange ①looks to ❶the Ancient One for guidance and as a ②role model. Do you have anyone similar in your life?

Cumberbatch: Wow, I wish there was one. That would ③simplify my answer. But ④the truth is, I ⑤get to work with a whole ⑥cast of them, almost every job, but this job, in particular, was ⑦extraordinary. I mean, everyone on it was helping me ⑧raise my game, and, in every level.

I mean, you know, ❷Rachel's just talked about ⑨scrub-land. I mean, that was a very ⑩detailed world, and to watch her ⑪craft, to watch her ⑫scalpel-like ⑬precision — pun intended — with just ⑭delineating exactly what was going on where Christine was in that moment.

|語　注|

①**look to A for B**　A（人）にBを期待する
②**role model**　手本となる人、模範
③**simplify**　（～を）単純にする、（～を）簡単にする
④**the truth is (that) . . .**　実のところ……だ
⑤**get to do**　～する機会を得る
⑥**cast**　キャスト、（集合的に）出演者
⑦**extraordinary**　並外れた
⑧**raise one's game**　腕前を上げる、上達する
⑨**scrub-land**　★scrubは「VネックのTシャツ型の医療用着衣」のことで、通例、複数形で使われる。～-landは「～の世界、～の領域」という意味の接尾辞。このインタビューには掲載されていないが、マクアダムスが病院の場面の話をしていたことを受けている。
⑩**detailed**　精密な
⑪**craft**　技能、専門技術
⑫**scalpel-like**　（手術用の）メスで切ったような、鮮やかな（切れ味の）　★scalpelは「手術用メス」の意。
⑬**precision**　正確さ
⑭**delineate**　（～の）輪郭を描く、（～を正確に）説明する

素晴らしい共演者たち

記者：この映画の中で、ドクター・ストレンジはエンシェント・ワンに指導を求め、模範とします。あなたの人生にそんな人はいますか？

カンバーバッチ：ああ、いたらよかったのですが。そうすれば、答えも簡単になったでしょうから。ですが実際は、この出演陣と共演できたことが――どんな仕事でもそうですが、今回は特に――得難い経験でした。というのは、出演者一人一人が、あらゆるレベルで、僕の演技の向上を助けてくれました。

つまり、ほら、レイチェルがさっき手術着の世界の話をしていましたが、あれ（医療シーン）は非常に精緻な世界で、彼女の演技を見て、メスで切ったような彼女の正確さを見ていると――ここはしゃれです――（レイチェルの演じている）クリスティーンがそのとき置かれている状況がどうなっているのか、具体的に描き出されているのです。

|用語解説|

❶**the Ancient One**　エンシェント・ワン　★ストレンジの魔術の師。ancientは「古代の、はるか昔からの」の意味で、人間の寿命をはるかに超えて長生きしているため、こう呼ばれている。

❷**Rachel (McAdams)**　レイチェル（・マクアダムス）　★(1978-)。本作でストレンジの元恋人の救急救命医クリスティーンを演じた、カナダ出身の女優。

And it helped [1]map out an entire world that I knew my character was shifting away from, but had to be completely [2]invested with, er, hopefully like the audience is at the beginning and through the [3]duration of the film when he [4]crashes back into it.

From Tilda, [5]treading this incredible line between being, er, ancient and wise and yet ever [6]youthful, as she is, and just incredibly now and present, and not something old and [7]fussy, [8]fusty. And just doing it with the [9]grace and charm and good [10]nature that all of the cast of this had.

Um, er, Chiwetel, who I've worked with before, um, again to watch him [11]construct ❶Mordo and see the [12]complexity of his journey as well [13]come to fruition. I mean, all of it. And Mads, [14]this man over here, who [15]complains about being a hundred but moves like a 20-year-old with dreams of moving sometimes. I mean, he just is the most [16]absurd [17]athlete, but also the most [18]understated and [19]supreme gentleman, who, er, is always trying to make sure that you're all right and that your craft is all right, and that you're not [20]getting hit in the face or hurt, you know. And [21]that's not always the case in fight scenes.

| 語　注 |

①**map out ~**　～を地図に示す、～を綿密に計画する・描く
②**invest A with B**　AにB（性質など）を授ける　★ここでのinvested with ~は、aware of ~（～を知っていて）、connected with ~（～とつながって）というニュアンス。
③**duration**　継続時間
④**crash into ~**　～に突っ込む、～に衝突する
⑤**tread**　（道などを）踏んで進む
⑥**youthful**　若々しい
⑦**fussy**　小事にこだわる　★直後のfustyの言い間違いだと思われる。
⑧**fusty**　カビの生えた、古くさい
⑨**grace**　優雅さ、品位
⑩**nature**　性質、人間性
⑪**construct**　（～を）構築する
⑫**complexity**　複雑さ
⑬**come to fruition**　実を結ぶ、成果を挙げる
⑭**this man over here**　★同席しているミケルセンを指している。
⑮**complains about being a hundred**　★ミケルセンがその前に、「108歳で（映画の中で）空中を飛び回れるなんて素晴らしいことだ」と年齢について冗談を言っており、それを受けての発言。なお、ミケルセンが演じているのは不死を求める敵役。
⑯**absurd**　とてつもない
⑰**athlete**　運動選手、アスリート　★

そしてそれが、一つの世界の全体像を描くのを、助けてくれました。自分が演じる人物が去ることになるとわかっていながらも、完全につながっていなければならない、そういう世界を。望むらくは、映画の冒頭で、そして彼がその世界に戻ってきて話が進む間中、観客の皆さんが同じように（つながっている・知っていると）感じてくれる世界です。

ティルダからは、（彼女はエンシェント・ワンの演技で）老練でありながら若々しく—彼女自身がそうであるように—そして驚くほど現代的で、古さもかび臭さもない、絶妙な境界線をたどっています。しかも、今回のキャスト全員が持つ優雅さと魅力と善良さを持ってそれを行うのです。

キウェテル（チュイテル）とは前にも共演したことがありますが、また、彼がモルド役を作り上げていくのを目にし、彼のたどる複雑な道筋が実を結ぶのも、目にしました。つまり、そういう何もかもです。そしてマッツ、ここに座っているこの人は、100歳という年齢に不満を言いながら、時に20歳の若者のように、夢のような動きをします。つまり、とんでもない能力を持つアスリートでありながら、とても控えめな最高の紳士で、相手が大丈夫かどうか、相手の演技がうまくいっているかをいつも気にかけてくれ、そして、まともに顔面を殴打したり、けがをしたりすることがないようにと常に気を配ってくれます。これ（最後の点）は、格闘シーンではそうはいかないこともあるのですが。

ミケルセンは若い頃に体操選手を目指して訓練していたが、バレエを学んでダンサーに転向した後、俳優になった。
⑱**understated**　控えめな、抑制の効いた
⑲**supreme**　最高の、至上の
⑳**get hit in the face**　まともに顔を殴られる
㉑**that's not the case**　それは事実ではない、実際にはそうではない

|用語解説|

❶**Mordo**　モルド　★ストレンジと共に戦う兄弟子。

Um, er, to ❶Benny, who I've known for a while — we're old ①muckers — but to get to play with him and see . . . And I, you know, I ②adore Wong. I think the world's gonna absolutely love that character. And, er, it was a ③masterstroke on his part.

And, yeah, they're the people who I get to work with every day on a job like this, and then ④headed by a director and a ⑤mastermind who both know their craft ⑥inside out and you feel safe ⑦in the hands of. Er, ⑧parents.

I mean, this could go on for a long time. This could be— *(laughter)* Er, I haven't, I haven't ⑨touched on school days yet. Um, you know, I'm, I'm very, I'm very lucky. I'm very lucky. I've worked with some truly ⑩inspiring people, and a lot of them are on this huge sofa with me.

|語　注|

①**mucker**　友達、仲間　★イギリス英語の口語。
②**adore**　(〜を)崇拝する、(〜が)大好きである
③**masterstroke**　見事な腕前、絶妙な技
④**head**　(〜を)率いる
⑤**mastermind**　立案者、指導者　★ここではプロデューサーを指している。
⑥**inside out**　すっかり、完全に
⑦**in the hands of ~**　〜の管理下で、〜の手中で
⑧**parents**　★ここでは、直前で触れている監督とプロデューサーのこと。
⑨**touch on ~**　〜(の話題)に触れる、〜に言及する
⑩**inspiring**　刺激を与えてくれる

ベニーについては、以前からの知り合いで—昔からの友人なんです—彼と共演できて、目にすることができるのは……僕はウォン（というキャラクター）が大好きです。世界中があのキャラクターを絶対好きになると思います。それを、彼が見事な腕前で演じていました。

ですから、そうです、こんな人たちと毎日、こうした作品で、共演することができるのです。しかも、自分たちの仕事をきちんと理解している監督と製作者に率いられて、その人たちに任せていれば安心です。いわば両親のような人たちですから。

この話はいつまでも続きそうです。こんな調子では——（笑い）。学生時代の話もまだしていませんからね。とにかく、僕はとても、本当に幸運です。本当に幸運ですね。何人もの大いに触発してくれる人たちと仕事をしてきて、その多くが、この大きなソファに一緒に座っています。

|用語解説|

❶**Benny** ★Benedict Wong（ベネディクト・ウォン、1970-）。魔術に関する書物を集めた書庫の番人ウォンを演じる、イギリス出身の俳優。

TRACK 16

Mindfulness

Reporter: When the comics were written in the '60s, various ①countercultural ideas, such as ②having an open mind and ③trying out new experiences, were very strong. Do any of those ideas ④carry through into the movie?

Cumberbatch: It's about ⑤mindfulness, ⑥in a sense. I think that's the common ⑦derivative which has carried through. Culturally, we're still ⑧referencing that era. We always will. It was a very strong moment in all culture, in all ⑨pop and music, but, um, I think you have to ⑩reinvent the wheel slightly. You can't just ⑪replicate it. This is a film for now. But I think, like Tilda was saying, the strongest message is the idea that you, with your mind, have the power to change your reality.

And that's a great, wonderful, ⑫freeing, ⑬egoless message. And also you do that with the idea of doing it ⑭for the good of others, and ⑮you're onto a very, very good thing — as Doctor Strange gets to, by the end of the film.

| 語　注 |

①**countercultural**　カウンターカルチャーの、既存文化に対抗するような
②**have an open mind**　心を開く、先入観を持たずに物事を受け入れる
③**try out ~**　~を試してみる
④**carry through**　存続する、生き残る
⑤**mindfulness**　心を込めること、注意深さ、マインドフルネス　★一種のメンタルセルフケアとして注目されている。
⑥**in a sense**　ある意味で
⑦**derivative**　派生物、生成物
⑧**reference**　（～を）参照する
⑨**pop**　★pop musicのことだと思われる。
⑩**reinvent the wheel**　（すでにあるものと同じものを）一から作り直す
⑪**replicate**　（～を）再現する、（～を）複製する
⑫**freeing**　解放するような
⑬**egoless**　無私の、利己的でない
⑭**for the good of ~**　～のために、～のためを思って
⑮**be onto ~**　～に気付いて、～を理解して

マインドフルネス

記者：60年代にこの（シリーズの）コミックスが描かれた頃は、物事を柔軟に受け入れたり新しい体験を試したりといった、さまざまなカウンターカルチャー的発想がとても強い時代でした。そうした考え方は、映画にも受け継がれていますか？

カンバーバッチ：それはまあ、マインドフルネス（意識を向けること）に尽きるでしょう、言ってみれば。それが、現代に共通する派生物、受け継がれてきたものだと思います。文化面では、僕たちは今もあの時代を参考にしています。これからもずっとそうでしょう。文化全体、ポップ（・ミュージック）や（そのほかの）音楽にとても勢いのあった時代でした。ただ、それを少し（手直ししながら）再構築する必要はあると思います。そのまま複製していては駄目なんです。現代に向けた映画なので。でも、ティルダが言っていたように、本作が持つ最も強いメッセージは、「人は、思考でもって、現実を変える力を持つ」という考え方だと思います。

そしてそれは、偉大な、素晴らしい、解放的な、利己心にとらわれないメッセージです。また、それは、他者のために行動するという考え方でもって行われますし、とても善良なものの存在に気付くということでもあります——映画の最後にドクター・ストレンジがたどり着くように。

Reporter: How long do you see yourself wanting to play Doctor Strange?

Cumberbatch: Oh, well, you know, let's ①get this film out first. And, ha-ha, I love these . . . Yeah, I'm, it, one of the things with mindfulness is ②being present now, you know. And I just want to enjoy today. I really, really do. The, we're bringing this film to, to the world, properly, for the first time — this is the ③world premiere in its ④rightful hometown — and, um, I'm so excited about it. I haven't seen the film yet, um, and I can't wait.

Coordinated by Jordan Riefe

Narrated by Peter von Gomm

| 語 注 |

①**get ~ out**　～を発表する、～を公開する
②**be present**　今に意識を向ける、今を生きる
③**world premiere**　★2016年10月20日にハリウッドで行われた世界初上映を指す。
④**rightful**　正当な権利のある

記者：ご自分では、ドクター・ストレンジ役を（今後）どれぐらいの間やりたいとお考えですか？

カンバーバッチ：ああ、そうですね、ええと、まずはこの映画が公開されてからですね。ハハハ、いいなと思うのが……そう、マインドフルネスに関して大事なのが、今に意識を向けるということです。今日はとにかく楽しみたいと思っています。本当に、本当にそうなんです。世界に向けて、まさに初めてこの映画を公開しようとしているのですから――これは、作品の生まれた場所で行われる正当なワールドプレミアですから――本当にわくわくしています。僕もまだ、完成作品を見ていないんです。だから待ち切れません。

Vocabulary List

A

□ a world of ~　おびただしい量の～

□ adore　（～を）崇拝する、（～が）大好きである

□ alluring　うっとりさせるような

□ as opposed to ~　～とは対照的に

□ availability　空き状況、都合

C

□ come about　生じる、起こる

□ come to fruition　実を結ぶ、成果を挙げる

□ craft　（～を手作業で）作る、（～を）作り上げる　★名詞は「技能、専門技術」の意。

□ crash into ~　～に突っ込む、～に衝突する

□ crossover　交差（部分）

□ cut-off　切り離された、孤立した

D

□ delineate　（～の）輪郭を描く、（～を正確に）説明する

□ derivative　派生物、生成物

E

□ egocentric　自己中心的な、自分本位の

□ egoless　無私の、利己的でない

□ end up doing　～して終わる、最後には～することになる

□ every now and again　時々

F

□ flattering　喜ばせるような

□ for the right reasons　正当な理由で、しかるべくして

□ fulfil a promise　約束を果たす　★fulfil はイギリス式つづり。アメリカ式では fulfill。

G

□ get ~ out　～を発表する、～を公開する

□ get ~ wrong　～を誤解する、～の意味を間違う

□ giddy　目まいがするような、目もくらむような喜びに浸った

H

□ hit home　胸を強く打つ、（発言などが）痛感させる

I

□ in a sense　ある意味で

□ in particular　特に、とりわけ

□ in the hands of ~　～の管理下で、～の手中で

□ inside out　すっかり、完全に

□ invest A with B　A に B（性質など）を授ける

L

□ look to A for B　A（人）に B を期待する

M

□ map out ~　～を地図に示す、～を綿密に計画する・描く

□ masterstroke　見事な腕前、絶妙な技

P

□ parallel　類似点、相似

□ profundity　深さ、深遠

□ put ~ on the back burner　～を二の次にする、～は後回しにする

R

□ raise one's game　腕前を上げる、上達する

□ reinvent the wheel　（すでにあるものと同じものを）一から作り直す

S

□ simplify　（～を）単純にする、（～を）簡単にする

□ surreal　非現実的な、シュールな

T

□ touch on ~　～（の話題）に触れる、～に言及する

□ trajectory　軌道、軌跡

□ try out ~　～を試してみる

U

□ understated　控えめな、抑制の効いた

理解度チェック

インタビューの内容に一致するものは □ Yes を、一致しないものは □ No をチェックしてください。

※質問の難易度の表示は、A＝易しい、B＝普通、C＝難しい、を表します

目標正答数	初級レベル▶ ☑ 3問以上	中級レベル▶ ☑ 6問以上	上級レベル▶ ☑ 8問以上

Questions		Yes	No
1	ベネディクト・カンバーバッチは、『ドクター・ストレンジ』の撮影計画が彼のために再調整されて光栄に思った。 (難易度 A)	□	□
2	カンバーバッチは、初めてドクター・ストレンジの衣装を身に着けたときにわくわくした。 (難易度 C)	□	□
3	カンバーバッチがニューヨークの5番街で撮影したとき、撮影クルー以外に誰の姿もなかった。 (難易度 B)	□	□
4	カンバーバッチはニューヨーク滞在中に、『ドクター・ストレンジ』のコミックを購入した。 (難易度 C)	□	□
5	カンバーバッチは、ドクター・ストレンジは同僚との交流が嫌いで、孤独を好むと言っている。 (難易度 B)	□	□
6	カンバーバッチは、ニューヨーク滞在中に時々ベーグルを食べたと言っている。 (難易度 A)	□	□
7	カンバーバッチによると、出演者一人一人が彼の演技を助けてくれた。 (難易度 A)	□	□
8	カンバーバッチは、撮影期間中に共演者とよくソファに腰掛けて話したと言っている。 (難易度 B)	□	□
9	カンバーバッチによると、『ドクター・ストレンジ』の強いメッセージは、「人は思考で現実を変えられる」ということである。 (難易度 A)	□	□
10	カンバーバッチはこのインタビューの時点で、完成した本作をまだ見ていない。 (難易度 A)	□	□

答え：Q1. Yes／Q2. Yes／Q3. No／Q4. No／Q5. No／Q6. No／Q7. Yes／Q8. No／Q9. Yes／Q10. Yes

Meryl Streep & Hugh Grant

メリル・ストリープ■1949年6月22日、アメリカ、ニュージャージー州生まれ。アカデミー賞ノミネートは20回を超える。『今宵、フィッツジェラルド劇場で』(2006) や『マンマ・ミーア!』(08) では見事な歌声を披露した。
ヒュー・グラント■1960年9月9日、イギリス、ロンドン生まれ。『モーリス』(1987) や『フォー・ウェディング』(94)で多くのファンを魅了した。ロマンチック・コメディーのヒット作が多数ある。

Meryl Streep & Hugh Grant

TRACK 17

■収録日：2016年8月6日　■収録地：ニューヨーク（アメリカ）

▶メリル・ストリープ
スピード やや遅い　語彙 やや易しい　発音 明瞭

▶ヒュー・グラント
スピード 普通　語彙 普通　発音 明瞭

「はかない幸せを愛しく演じた名優コンビ」

"Love and art is right smack in the middle."

「愛と芸術が、作品のド真ん中にあるわけよ」

Naoki Ogawa's Comment

ストリープは年齢を感じさせないはっきりした若々しい声と発音だ。しかも発話速度はやや遅い。語彙表現も比較的平易だ。音声のみを聞き取ることは易しいだろう。しかしその意味を理解するのは別問題。映画の内容、描かれた時代背景、彼女自身の考え方などをわかっていることが必要になる。

グラントは英国のインテリらしい話し方だ。特に、トラック18の発言はその典型。もちろん、発音も明瞭なのだが、ストリープの英語のようにはすっと入ってこない。これは、英国式の表現の仕方が、持って回った言い方をするためだ。例えばp. 92、2行目で、consciousとsubconsciousの両方を使っている。この辺りのはっきりしない言い方が英国流だ。

写真：Shutterstock/アフロ

TRACK 18

Pleased to Meet You

Reporter: Meryl, when did you first ①encounter ❶Florence Foster Jenkins?

Meryl Streep: I was in a play at ②drama school, and the orchestra in the ③pit was made up of students at ❷the Yale School of Music. And one lunch break, they were all screaming and laughing over in a little ④gaggle in the corner, and they were usually so ⑤dour that we were ⑥alarmed. And then the actors went over and said, "What are you listening to?" And it was Florence, was a cassette. That's when I first heard her.

Reporter: And, Hugh, what were your initial thoughts on ❸St. Clair Bayfield? Did you think he was ⑦ridiculous?

Hugh Grant: No, no! I liked him and ⑧admired him, actually, and, uh, both in the ⑨script and then when I ⑩dug deeper and read his diaries and things here in, uh, in ❹Lincoln Center. He ⑪charmed me. He properly loved her and she loved him, and it was a very ⑫moving 35-year romance.

|語　注|

①**encounter**　(〜[人・物・考えなど]に)思いがけず出会う、(〜に)遭遇する
②**drama school**　演劇学校　★ストリープが在籍していたイエール大学演劇大学院(the Yale School of Drama)を指す。
③**pit**　オーケストラ・ピット　★劇場などで、舞台のすぐ前にあるオーケストラ演奏席。pitは「穴、くぼみ」の意。
④**gaggle**　(ガチョウなどの)群れ、(騒々しく、秩序のない)集まり
⑤**dour**　むっつりした、気難しい
⑥**alarmed**　驚いた、おびえた
⑦**ridiculous**　ばかげた、非常識な
⑧**admire**　(〜を)称賛する、(〜に)敬服する
⑨**script**　脚本、台本
⑩**dig deep**　深く掘り下げる
⑪**charm**　(〜を)魅了する
⑫**moving**　心を動かす、感動的な

フローレンスとの出会い

記者：メリルさん、フローレンス・フォスター・ジェンキンスを初めて知ったのは、いつでしたか？

メリル・ストリープ：演劇学校時代にお芝居に出ていて、ピットのオーケストラは、イエールの音楽大学院の学生で構成されていました。あるお昼休みに、彼らが片隅に集まって、みんなで叫んだり笑ったり、ちょっとした騒ぎになっていたんです。いつもはすごく気難しい人たちだったので、私たちは身構えました。それから、俳優陣が近づいていって、「何を聞いてるの？」と言いました。それがフローレンスでした、カセットでしたけど。そのとき、彼女の声を初めて聞きました。

記者：ではヒューさん、シンクレア・ベイフィールドについての最初の感想は、どういうものでしたか？　ばかげた人物だと思いましたか？

ヒュー・グラント：いえいえ！　彼のことが好きになって、実のところ、敬服しましたよ、脚本を読んだときにも、さらに掘り下げて、彼の日記などの資料を、ここリンカーンセンターで読んだときにも。彼には引き付けられました。彼はちゃんと彼女のことを愛していて、彼女も彼を愛していて、とても感動的な35年間のロマンスだったんです。

|用語解説|

❶**Florence Foster Jenkins**　フローレンス・フォスター・ジェンキンス　★（1868-1944）。歌唱力にかなりの問題がありながら、カーネギーホール（p. 97、❷参照）でコンサートを開いた、富裕なアメリカ人女性。映画『マダム・フローレンス！　夢見るふたり』（2016）でストリープが演じている。

❷**the Yale School of Music**　イエール大学音楽大学院

❸**St. Clair Bayfield**　シンクレア・ベイフィールド　★（1875-1967）。フローレンスを公私ともに支え続けたイギリス出身のパートナー。グラントが演じている。

❹**Lincoln Center**　リンカーンセンター　★ニューヨークにある複合芸術施設。

Was there any element of ①self-interest in it for him? Probably yes, but I'm not even sure that was ②conscious. It may have been subconscious. 'Cause the fact is without her and her world, he was just an ③out-of-work actor with no family and, sort of, lost in the world. But, uh, it was definitely real love. And, uh, I think that ④above all is why he ⑤protected her from the truth.

TRACK 19

A Little Bubble of Happiness

Reporter: What made you want to play this ⑥eccentric character, Florence, and make her so ⑦empathetic?

Streep: Well, that was sort of in the script. There was a, sort of, ⑧tender look at her and also how ridiculous she was. I mean, but I said yes, because ❶Stephen said he had a project. And I had wanted to work with him ⑨forever and ever. And, uh, he said, "I've got a film for you." And I said, "Oh, OK, yes."

|語　注|

①**self-interest**　利己主義、私欲
②**conscious**　意識している、自覚している　★次の文のsubconsciousは「意識に上らない、無意識の」の意。
③**out-of-work**　失業中の
④**above all**　何よりも、何にもまして
⑤**protected her from the truth**　★シンクレアは、フローレンスが酷評にさらされないよう、観客を選び、音楽評の筆者に賄賂（わいろ）を渡すなど、さまざまな手を尽くしていた。
⑥**eccentric**　奇抜な、風変わりな
⑦**empathetic**　共感できる、感情移入できる
⑧**tender**　優しい、思いやりのある
⑨**forever and ever**　いついつまでも　★foreverを強調した言い方。

彼の側に、何らかの利己的な部分があったのか？　おそらくあったでしょうが、意識していたかどうかすら、定かではありません。無意識だったかもしれません。というのも、確かに、彼女と彼女の世界がなければ、彼は、ただの仕事にあぶれた俳優で、家族もなく、いわば、どこにも行き場がなかったわけですから。でも、あれは確かに本物の愛でした。何よりもそれが理由で、彼は、彼女を真実から守っていたのだと思います。

はかない幸せのシャボン玉

記者：フローレンスというこのエキセントリックな人物を演じたいと、また、彼女をとても共感できる人物にしたいと、あなたに思わせた要素は何でしょうか？

ストリープ：まあ、それは、ある程度、脚本にありました。彼女に対してどことなく優しい視線がありながら、同時に、彼女がいかにめちゃくちゃだったかが描かれていました。とはいえ、私がこの話を受けたのは、企画があると言ってきたのがスティーヴンだったからです。私は、彼となら、この先もいつだって仕事がしたい、と思っていました。その彼が、「君に出てほしい映画がある」と言ってきたのです。ですから私は、「ええ、いいわよ、はい」と言いました。

|用語解説|

❶**Stephen (Frears)**　スティーヴン（・フリアーズ）　★（1941- ）。本作の監督。そのほかの監督作に『マイ・ビューティフル・ランドレット』（85）、『クィーン』（2006）、『あなたを抱きしめる日まで』（13）などがある。

Reporter: How would you describe the type of love that St. Clair and Florence have?

Streep: I haven't really been successful ①branding love. I think, especially ②peering into other people's relationships, it's almost always not what you think it is, uh, from the outside. And I think, I think it's an ③accurate ④portrayal of realistic ⑤delusional love. OK. So, it's realistic because it is what it is, and there is ⑥illusion in it that they both ⑦prop up and hold, keep ⑧aloft, this little bubble of happiness.

I mean, one of the ⑨genius things that Stephen did in the, uh, it ⑩was embedded in the film, is that it, it really, in the ⑪margins you feel the war. You know, it just comes in ⑫every once in a while, of some ⑬glaring headline about something horrible happening.

And yet, and so, there are so many ⑭analogies to now, um, ⑮figuring out what makes life worth wonder, worth living. And love and art, ⑯as far as I'm concerned, is ⑰right smack in the middle. So the ⑱compromises that people make to keep their happiness ⑲intact, I think that's all ⑳in the service of good.

| 語　注 |

①**brand**　(〜に)レッテルを貼る
②**peer into ~**　〜をのぞき込む
③**accurate**　正確な
④**portrayal**　描写、表現
⑤**delusional**　妄想の
⑥**illusion**　錯覚、幻想
⑦**prop up ~**　〜を(倒れないように)下から支える
⑧**aloft**　空中に、高く浮いた
⑨**genius**　天才的な、独創的な
⑩**be embedded in ~**　〜に埋め込まれている、〜に組み込まれている
⑪**margin**　周辺部、余白
⑫**every once in a while**　時折
⑬**glaring**　目立つ、目に付く
⑭**analogy to ~**　〜との類似点
⑮**figure out ~**　〜を(よく考えて)解明する
⑯**as far as I'm concerned**　私に関する限り、私の考えとしては
⑰**right smack in the middle**　真っただ中に、ど真ん中に
⑱**compromise**　妥協
⑲**intact**　無傷の、損傷のない
⑳**in the service of ~**　〜のために役立って

記者：シンクレアとフローレンスの間にあるようなタイプの愛を、あなたならどのように説明なさいますか？

ストリープ：愛にレッテルを貼るのは、あまりうまくいったためしがありません。他人の関係をのぞき見るような場合は、特にそう思います。外から見てこうだと思うものとは、違っていることがほとんどですから。私の思うところでは、本作は、リアルな妄想上の愛を正確に描き出したものです。いいですか。つまり、ありのままですからリアルですし、そこには二人ともが支え、持ち上げて宙に浮かせている幻想があります。はかない幸せのシャボン玉です。

スティーヴンの天才的な仕事の一例としては、これは作品に埋め込まれていたことですが、端々に戦争の気配があるということです。ほら、時折画面に映るのです、そのとき起きている恐ろしいことを伝える、目を引く見出しなどが。

それでいて、というか、だからこそ、でしょうか。現在とたくさんの共通点があります。人生に驚嘆する価値を持たせているものは何か、生きる価値を持たせているのは何か、と考えると。そして、私の見る限り、愛と芸術が、（作品の）真ん真ん中にあります。ですから、自分たちの幸せを損なわないように人々がする妥協というのは、すべて、良い目的のための行いなのだと思います。

Grant: To me the interesting question with that was: Were they, how comfortable were Florence and Bayfield with their ①arrangement? I have that scene with, uh, ❶Cosmé where I'm saying, you know, we have an understanding ②and all that. And I think Bayfield had ③convinced himself that they did have an understanding — that things were fine.

But, um, clearly they're not really fine — that somewhere deep inside they're, they're, troubling. But you have to ④cut him a little slack, because poor ⑤old Florence did have ⑥syphilis and, uh, it was ⑦tricky.

TRACK 20

Somewhere to Shine

Reporter: I think ⑧it's fair to say that your character's ⑨class and ⑩privilege allowed her to ⑪indulge her passions in a way that someone less wealthy never could have done.

Streep: Um, well, I'm not sure I agree with it. Because I think that kind of spirit can live in anybody. You can't ⑫buy out ❷Carnegie Hall, but you can certainly sing in the kitchen and ⑬not give a damn whether anybody doesn't want you to. That's a ⑭lesson from my own life.

| 語　注 |

①**arrangement**　取り決め　★フローレンスとシンクレアは、夫婦として振る舞っていたが事実婚であり、シンクレアが別の場所でほかの女性と暮らしていたことを指す。
②**~ and all that**　～とかなんとか
③**convince oneself that . . .**　……だと自分を納得させる、……と思い込む
④**cut ~ a little slack**　～を多少大目に見る
⑤**old**　親愛なる　★口語的表現。
⑥**syphilis**　梅毒　★フローレンスが最初の夫に感染させられた性病。フローレンスは生涯、後遺症に苦しんだ。
⑦**tricky**　取り扱いの難しい、厄介な
⑧**it's fair to say that . . .**　……と言うのが妥当だ、……と言って差し支えない
⑨**class**　階級
⑩**privilege**　特権、恩恵
⑪**indulge one's passions**　情熱にふける、熱意の赴くまま行動する
⑫**buy out ~**　～を買い占める
⑬**not give a damn**　何とも思わない　★口語的表現。
⑭**lesson**　教訓

グラント：僕にとってその件で興味深かったのは、フローレンスとベイフィールドが自分たちの取り決めにどの程度満足していたのか、という点です。僕が、ほら、お互いに納得済みであるといったことを話す、コズメとのあの場面がありますね。あれは、ベイフィールドが、（二人の取り決めは）確かにお互いの理解に基づいている——それでいいのだと——自分に言い聞かせていたのだと思っています。

ですが明らかに、本当はそれでよくはなくて——心のどこか奥深くで、二人は悩んでいます。でも、彼のことは多少大目に見てやる必要があります、というのも、哀れないとしのフローレンスには、確かに梅毒を患った過去があって、そこが厄介な点だったのです。

女性が輝ける場所

記者：あなたの演じた人物は、その階級と特権があったからこそ、彼女ほど裕福でない人だったら決してできないような形で情熱にふけることができたのだ、と言うのが妥当なところかと思いますが。

ストリープ：うーん、それは、同意しかねます。というのも、ああいった精神は、どんな人の中にも息づくからです。カーネギーホールを借り切ることはできなくても、誰が嫌がろうと気にも留めずにキッチンで歌うことは、間違いなくできます。これは、私自身が生活する中で学んだことですけど。

|用語解説|

❶**Cosmé (McMoon)**　コズメ（・マクムーン）　★(1901-80)。フローレンスに気に入られ伴奏を務めたピアニスト。サイモン・ヘルバーグが演じている。
❷**Carnegie Hall**　カーネギーホール　★ニューヨークにあるコンサート会場。1891年建設。音楽の殿堂として有名。

But, yes, I think, ①specifically ②speaking to that time, women of privilege and education, there were not many opportunities and places to put it. So they found their ③ranking and their importance in society — where they were in the ④hierarchy of importance — in these ⑤clubs.

And Florence was a member of 60 clubs throughout her life in New York and ⑥gave huge amounts of money away. And, um, that was the ⑦realm of women. And they were slightly ridiculous because they didn't ⑧matter; they didn't move anything in society. They weren't in the government, they weren't in law, they weren't in business, with, except for a few ⑨outliers. So this was where you would shine.

And she had a big dream, and she was silly, and she wore ridiculous clothes, but, um, she was happy, and she enjoyed her life. And I think they had a ⑩spiritual connection. He had real dreams, too, of being an actor. He was a . . . *(to Grant)* you told me, ⑪founder of ❶Actors' Equity.

Grant: He was.

Streep: The ⑫union. So, one of the founding members, right?

|語　注|

①**specifically**　特に、特定して
②**speak to ~**　～を論じる
③**ranking**　序列、地位
④**hierarchy**　ヒエラルキー、階層構造　★発音は [háiərɑ̀:rki]。
⑤**club**　社交クラブ　★フローレンスは、音楽家支援のためのクラブ「ヴェルディ・クラブ」を自ら創設したほか、数多くのクラブに属していた。
⑥**give ~ away**　～をただで手放す、～を無償で提供する
⑦**realm**　領域、王国　★発音は [rélm]。
⑧**matter**　重要である
⑨**outlier**　異端者
⑩**spiritual connection**　精神的な結び付き
⑪**founder**　創設者　★最終行のfoundingは、動詞found（設立する）の現在分詞。
⑫**union**　労働組合

でも、そうですね、思うに、あの時代に限って言えば、特権階級の教養ある女性には、それを発揮する機会と場所が、あまりありませんでした。ですから彼女たちは、自分たちの地位と社会的な重要度を——重要度のヒエラルキーにおいて属していた位置を——例の社交クラブに見いだしたのです。

そしてフローレンスは、ニューヨークで、生涯を通じて60のクラブのメンバーとなり、多額のお金を寄付しました。そこが、女性が活動できる場所だったのです。そうした女性は、ちょっと浮世離れしていました。というのも、彼女たちには影響力がなかったからです。彼女たちは、社会の何も動かしませんでした。政界にも、法曹界にも、実業界にも、いたことはありませんでした。わずかな異端者を除いては。ですから、ここ（社交クラブ）が、自分たちの輝ける場所だったのです。

彼女には大きな夢があり、愚かで、おかしな服を着ていましたが、彼女は幸せで、人生を楽しんでいました。それに、二人には精神的なつながりがあったのだと思います。彼にも本物の夢がありました、俳優としての。彼は……（グラントに向かって）教えてくれたわよね、アクターズ・エクイティの設立者だって。

グラント：そうです。

ストリープ：あの（舞台俳優の）組合の。つまり、設立メンバーの一人、よね？

|用語解説|

❶**Actors' Equity (Association)** ★
1913年にアメリカで設立された、舞台演劇俳優の労働組合。

Grant: Yeah. 'Cause he was worried about the ①plight of ②bit-part actors, which is what he was. That's where it all started.

Streep: So, it was one of those marriages of, uh, yes, ③underwritten by her father's wealth. ④That's the way things were.

TRACK 21

The Impulse to Perform

Reporter: Where does the ⑤impulse to perform your art or your passion come from?

Streep: Gosh, where does that come from? Well, it probably doesn't come from ❶STEM education, you know. It comes from the ⑥encouragement of, at home, maybe, and music being played.

On the other hand, I don't know where the artistic impulse comes from, because ❷my, my husband grew up in a, a house in ❸Indianapolis, uh, that had no art books, and he's just this ⑦formidable creative ⑧mind and ⑨incredibly ⑩visual, but that wasn't what necessarily surrounded him, except in his ⑪imagination.

|語　注|

①**plight**　窮状、苦境
②**bit-part**　端役の
③**underwrite**　(～を)資金面で支える、(～への)費用負担を引き受ける
④**That's the way things are.**　世の中はそういうものである。
⑤**impulse**　衝動、強い欲求
⑥**encouragement**　励まし、奨励
⑦**formidable**　恐れ入るほどの、ものすごい
⑧**mind**　知性の持ち主
⑨**incredibly**　信じられないくらい
⑩**visual**　視覚的な、視覚に訴える
⑪**imagination**　想像力

グラント：そう。彼は端役俳優の窮状に心を痛めていましたから、彼自身がそうでしたし。それが、そもそもの始まりです。

ストリープ：だから、（当時の）結婚の一つの形だったということです、そう、彼女の父親の遺産に支えられた。当時は、そういうものだったんです。

演技への衝動

記者：あなたご自身の演技への衝動や熱意は、どこから来るのですか？

ストリープ：あら、どこから来るかですか？　まあ、きっと理工系（重視）教育からは来ないでしょうね。たぶん、家での励ましと、流れている音楽から来るんでしょう。

そうは言っても、芸術的な衝動がどこから来るのか、私にはわかりません。というのも、うちの夫は、インディアナポリスの、画集など一冊もない家で育ったのに、ものすごい創作力の持ち主で、信じられないほどの視覚表現力があって、でもそれは、必ずしも彼を取り巻いていたわけではないんです、本人の想像力以外は。

|用語解説|

❶**STEM education**　理工系教育　★STEM　は science, technology, engineering and mathematics（科学、技術、工学および数学）の略。

❷**my husband**　★アメリカの彫刻家であるドン・ガマー（1946- ）を指す。

❸**Indianapolis**　インディアナポリス　★アメリカ中西部、インディアナ州の州都。

So, I think as children, children have such rich, uh, ①fantasy lives and ②imaginative capacities and it just, kind of, ③gets beaten out of you — often by your little ④peers and, uh, the worries of ⑤early adolescence: "How do I seem? Oh, I don't wanna ⑥stand out," or whatever it is that stops us from our ⑦unbridled access to fun, and ⑧abandon, and play, and, you know . . .

Maybe it was because Florence was ⑨impaired in some way by her illness. Or by the ⑩cure, which at that time was something called ❶Salvarsan, which was ⑪mercury and ⑫arsenic, which she, from some ⑬accounts, ⑭bathed in. But I don't know. I really don't know what, where that comes from. But I, I feel, you know, everything we can do not to ⑮suppress it is important.

Reporter: I'd like to hear your thoughts on roles for women in Hollywood. Are there enough roles for women over 40 or 50 years old?

Streep: There are not, probably, enough. But I think what's ⑯under siege in movies are stories about human beings of all shapes and sizes, and races and ⑰creeds.

| 語　注 |

①**fantasy**　空想、自由な想像
②**imaginative**　想像力に富んだ
③**get beaten out of ~**　～からたたき出される、～からかき消される
④**peer**　仲間、（地位・年齢・能力などが）同等の人
⑤**early adolescence**　青年期前半、思春期
⑥**stand out**　目立つ
⑦**unbridled**　束縛のない、奔放な
⑧**abandon**　気まま、奔放
⑨**impaired**　十分に機能しない、健康を害した
⑩**cure**　治療、治療法、治療薬
⑪**mercury**　水銀　★サルバルサンの開発以前に梅毒治療に使われていた、毒性の強い金属。
⑫**arsenic**　ヒ素
⑬**account**　記述、証言
⑭**bathe**　入浴する、身を浸す
⑮**suppress**　（～を）抑圧する、（～を）抑制する
⑯**under siege**　包囲されて、四面楚歌で
⑰**creed**　信条、宗教

ですから、子どもの頃は、子どもはとても豊かな空想の世界と想像力を持っているのに、それが、いわば、かき消されてしまうんだと思います――多くの場合、幼い同級生たちや、思春期の心配事に。「自分はどう見えるだろう？　ああ、目立ちたくないな」という思いとか、何であれ、楽しみや気ままさや遊びに思う存分向かうことにブレーキをかける事柄に。それから、ほら……

もしかしたらフローレンスの場合、ある意味、健康が損なわれていたことが理由かもしれません、病気のせいで。もしくは治療薬のせいで。当時、サルバルサンと呼ばれていた薬で、水銀とヒ素なのですが、幾つかの資料によると、彼女はそれに身を浸していたというんです。でも私には、ちょっとわかりません。本当にわかりません、それがどこから来るのかは。ただ、それを押さえ込んでしまわないよう、手だてを尽くすことが大切なのだと感じます。

記者：ハリウッド（映画）で女性が演じる役柄について、お考えを伺いたいのですが。40歳、50歳を過ぎた女性の役は、十分にありますか？

ストリープ：たぶん、十分とは言えませんね。ですが、映画界で危機に瀕（ひん）しているのは、多様な姿かたち、人種、信条の人間たちを描くストーリーです。

|用語解説|

❶**Salvarsan**　サルバルサン　★かつて梅毒の特効薬として使われていた、ヒ素化合物の商標。ヒ素の毒性による副作用があった。

Yes, I think for older people in general, people over 50, of either sex, it sort of ①dwindles. And so that audience ②is maybe discouraged from going to the theater. And everybody wonders why the audience is ③shrinking and shrinking and shrinking as the movies get more and more global, ④aimed at one ⑤demographic only.

Coordinated by Jordan Riefe

Narrated by Rachel Walzer

| 語　注 |

①**dwindle**　縮小する、先細りになる
②**be discouraged from doing**　～する気をそがれる
③**shrink**　縮小する、減少する
④**aim A at B**　AをBに向ける
⑤**demographic**　(年齢などを基に分類した人口統計の)層

ええ、全般に年齢が高い役は、男女とも50歳を過ぎた役は、まあ、減っていると思います。そしてそのせいで、観客が映画館に足を運ぶ気をなくしているのかもしれません。つまり、誰もが、映画がどんどんグローバルになっているのに、観客が減って減って、減る一方なのはなぜなのか、といぶかしむのですが、当の映画は、一つの観客層にしか向けられていないのです。

Vocabulary List

A

□ abandon　気まま、奔放

□ above all　何よりも、何にもまして

□ account　記述、証言

□ aim A at B　A を B に向ける

□ aloft　空中に、高く浮いた

□ analogy to ~　～との類似点

□ as far as I'm concerned　私に関する限り、私の考えとしては

B

□ be discouraged from doing　～する気をそがれる

□ be embedded in ~　～に埋め込まれている、～に組み込まれている

□ bit-part　端役の

□ buy out ~　～を買い占める

C

□ convince oneself that . . .　……だと自分を納得させる、……と思い込む

□ creed　信条、宗教

□ cut ~ a little slack　～を多少大目に見る

D

□ delusional　妄想の

□ demographic　（年齢などを基に分類した人口統計の）層

□ dour　むっつりした、気難しい

□ dwindle　縮小する、先細りになる

E

□ empathetic　共感できる、感情移入できる

□ every once in a while　時折

F

□ figure out ~　～を（よく考えて）解明する

□ formidable　恐れ入るほどの、ものすごい

G

□ gaggle　（ガチョウなどの）群れ、（騒々しく、秩序のない）集まり

□ get beaten out of ~　～からたたき出される、～からかき消される

□ give ~ away　～をただで手放す、～を無償で提供する

□ glaring　目立つ、目に付く

I

□ imaginative　想像力に富んだ

□ impaired　十分に機能しない、健康を害した

□ in the service of ~　～のために役立って

□ indulge one's passions　情熱にふける、熱意の赴くまま行動する

□ intact　無傷の、損傷のない

□ it's fair to say that . . .　……と言うのが妥当だ、……と言って差し支えない

O

□ outlier　異端者

P

□ peer into ~　～をのぞき込む

□ peer　仲間、（地位・年齢・能力などが）同等の人

□ plight　窮状、苦境

□ portrayal　描写、表現

□ privilege　特権、恩恵

□ prop up ~　～を（倒れないように）下から支える

R

□ realm　領域、王国

□ right smack in the middle　真っただ中に、ど真ん中に

S

□ specifically　特に、特定して

□ stand out　目立つ

□ suppress　（～を）抑圧する、（～を）抑制する

U

□ unbridled　束縛のない、奔放な

□ under siege　包囲されて、四面楚歌で

□ underwrite　（～を）資金面で支える、（～への）費用負担を引き受ける

理解度チェック

インタビューの内容に一致するものは □ Yes を、一致しないものは □ No をチェックしてください。

※質問の難易度の表示は、A＝易しい、B＝普通、C＝難しい、を表します

目標正答数	初級レベル▶ ☑ 3問以上	中級レベル▶ ☑ 6問以上	上級レベル▶ ☑ 8問以上

Questions		Yes	No
1	メリル・ストリープは、現実のフローレンス・フォスター・ジェンキンスが通ったのと同じ演劇学校へ行った。（難易度 A）	□	□
2	ストリープが最初にフローレンスの声を聴いたのはオーケストラのコンサートでだった。（難易度 A）	□	□
3	ヒュー・グラントは、シンクレア・ベイフィールドのことを 35 年前から敬愛してきた。（難易度 A）	□	□
4	ストリープは、本作におけるカップルの愛は、幻想的ではかない幸せだと考えている。（難易度 B）	□	□
5	ストリープが考える本作の中心的なテーマとして、愛と芸術が挙げられる。（難易度 A）	□	□
6	ストリープは、フローレンスのように裕福でないと歌に没頭できないと見なしている。（難易度 A）	□	□
7	ストリープによると、本作の舞台となった時代には、女性たちの社交クラブが政治的な力を持っていた。（難易度 B）	□	□
8	ストリープは演技に対するインスピレーションを、家にある画集から主に得ている。（難易度 A）	□	□
9	ストリープは、すべての子どもは想像力が豊かだが、同級生たちの圧力などでくじかれると考えている。（難易度 B）	□	□
10	ストリープが見たところ、ハリウッド映画は 50 歳を過ぎた俳優を十分に生かしている。（難易度 A）	□	□

答え：Q1. No／Q2. No／Q3. No／Q4. Yes／Q5. Yes／Q6. No／Q7. No／Q8. No／Q9. Yes／Q10. No

Natalie Portman

ナタリー・ポートマン■1981年6月9日、イスラエル、エルサレム生まれ。3歳でアメリカ、ワシントンに移住。『レオン』（1994）の少女役で映画デビュー。『スター・ウォーズ』シリーズなど話題作に出演。『ジャッキー／ファーストレディ　最後の使命』（2016）ではアカデミー賞主演女優賞にノミネートされた。

Interview 5

Natalie Portman

TRACK 22

■収録日：2016年10月17日　■収録地：トロント（カナダ）

スピード　普通
語彙　普通
発音　明瞭

「徹底リサーチで迫った生身のファーストレディ」

"The accent is almost a map of her life."

「ジャクリーンの発音は、彼女の人生の縮図みたい」

Naoki Ogawa's Comment

米国の女優らしい、はっきりした聞きやすい声と話し方だ。とはいえ、特にインタビュー後半では、関係代名詞が頻発する。文法的にかなり長い文を発しているのだ。スクリプトを英文解釈しようとすると、時間がかかりそうだ。ただ聴解では、後戻りするような理解の仕方は通用しない。英語はとにかく頭から、一区切りごとに理解していく、ということを実践するために向いた英語だ。

写真：ZUMA Press/ アフロ

Becoming Jackie

❶**Dave Morales:** Excellent job.

Natalie Portman: Thank you.

Morales: I mean, ❷this is a ①fantastic movie.

Portman: Thank you.

Morales: Uh, how does one prepare for a role as ②iconic as this?

Portman: Well, it is ③daunting because people really know so much about her and, and the way she talked and looked and moved, and, um, I wanted to, of course, ④first and foremost, be ⑤believable, and so I ⑥worked a lot on the ⑦accent and the voice and the movement.

| 語　注 |

①**fantastic**　素晴らしい、非常に優れた
②**iconic**　象徴的な、偶像性の
③**daunting**　おじけづかせるような、ひるませるような
④**first and foremost**　何よりもまず、真っ先に
⑤**believable**　信じられる、真実味のある
⑥**work on ~**　～に取り組む、～の研究をする
⑦**accent**　特徴的な発音、訛り、（特有の）口調

ジャッキーを演じる

デイブ・モラレス：見事な演技でした。

ナタリー・ポートマン：ありがとうございます。

モラレス：まったく、この作品は素晴らしい映画です。

ポートマン：ありがとうございます。

モラレス：これほど偶像視されている人物の役作りは、どう準備するものなのでしょう？

ポートマン：それは、身もすくむような思いです。というのも、人々は彼女のことを本当に、とてもよく知っていますから、彼女の話し方、見た目、身のこなしも。ですから私は、何よりもまず、真実味を出したいと思いました。そこで、あの発音と声の出し方と動きを、たっぷり練習しました。

|用語解説|

❶**Dave Morales**　デイブ・モラレス ★アメリカのラジオパーソナリティー。本インタビューは、モラレスが手掛けるエンタメサイトBackstageOL.comで行われた。

❷**this**　★ポートマンがジャクリーン・ケネディ（p. 117、❶参照）を演じた映画『ジャッキー/ファーストレディ最後の使命』（2016）を指す。

And, of course, I had great ①hair and makeup and ②wardrobe people making me look as much like her as possible. Because that's how you have to be just believable to an audience ③before anything. And then, of course, there's all of the ④emotional work, which is the sort of deeper and more interesting side. And I ⑤got to read so much about it and imagine so much, of course, as well. And that's what's great about the movie is that it considers her ⑥humanity — not just her as an icon.

TRACK 24

Map of Her Life

Morales: You mentioned the accent. Did you, uh, practice in front of the mirror? 'Cause, re—⑦honestly, after I saw this film, I went back and watched on YouTube the video of the ❶*White House Tour*. ⑧Spot on, it was you.

Portman: Thank you, ha-ha.

Morales: But did you—⑨obviously, you studied video.

Portman: Yeah.

|語　注|

①**hair and makeup**　ヘアメイク
②**wardrobe**　衣装係、持ち衣装　★本作はアカデミー賞衣装デザイン賞にノミネートされた。
③**before anything**　何よりも先に、まずは
④**emotional**　感情の、心理的な
⑤**get to do**　～する機会を得る、～することができる
⑥**humanity**　人間性、人間らしさ
⑦**honestly**　正直に言って、本当に
⑧**spot on**　まさしく、正確に
⑨**obviously**　明らかに、当然

それにもちろん、素晴らしいヘアメイクや衣装の人たちに、見た目をできるだけ彼女に近づけてもらいました。そうやって、観客にとにかく真実味を感じてもらうことが、まず必要だったんです。それから、もちろん、あらゆる感情表現に取り組むのですが、こちらの方が、何と言うか深みがあって、興味深い面ですね。とてもたくさんの文献を読んで、もちろん、大いに想像を広げることもできました。そこがこの映画の素晴らしいところで、彼女の人間的な部分を掘り下げているのです——彼女をただの崇拝対象として見るのではなく。

人生の縮図

モラレス：発音の話がありましたが。鏡の前で練習されたのですか？　というのも、実はこの映画を見た後、帰宅してからYouTubeであの『ホワイトハウス・ツアー』の動画を見たんです。まさに、そこに映っていたのはあなたでした。

ポートマン：ありがとうございます、ハハハ。

モラレス：ですが、あなたは——当然、動画で研究なさいましたね。

ポートマン：ええ。

|用語解説|

❶*White House Tour* ★1962年2月にアメリカでテレビ放送された特別番組、*A Tour of the White House with Mrs. John F. Kennedy*のこと。前年のケネディ大統領就任に伴って改装したホワイトハウス内部を、ジャクリーンが案内した。その映像の一部が映画の中で再現されている。

Morales: Did you practice in the mirror? I don't—

Portman: Well, it was lucky to have so much information ①out there. You know, the *White House Tour*, we ②replicated almost exactly. So I just watched those tapes and listened to them over and over and over and over again. And, yeah, I would practice. I had, like, I had it on my iPhone, and I would, you know, listen while I was running, or while I was just cooking, ③or whatever.

Um, and, um, yeah, it was, um, it was very helpful, 'cause the accent is almost a map of her life. 'Cause you see the, sort of, like, you know, New York childhood and then the ④prep school, sort of, ⑤finishing school part of it, and it really, sort of, gives you a ⑥diagram to her ⑦background.

|語　注|

①**out there**　世の中に、出回って
②**replicate**　(～を)複製する、(～を)再現する
③**~ or whatever**　～でも何でも、～など
④**prep school**　プレパラトリー・スクール　★＝preparatory school。大学進学を目指す生徒のための、私立の中等教育機関。preparatoryは「予備の、準備の」の意。
⑤**finishing school**　教養学校、花嫁学校　★女性に礼儀作法などを身に付けさせるための、私立の教育機関。ジャクリーンの通ったコネチカット州のMiss Porter's Schoolは、フィニッシング・スクールを前身とするプレパラトリー・スクール。
⑥**diagram**　(構造を示す)略図、図解
⑦**background**　経歴

モラレス：鏡に向かって練習されましたか？　いや――

ポートマン：まあ、とても多くの情報が出回っているのは幸運なことでした。『ホワイトハウス・ツアー』は、ほぼ正確に再現しました。ですから、私はその（ビデオ）テープを、何度も何度も何度も、繰り返し見たり聞いたりしました。そして、ええ、練習しました。例えば、自分のiPhoneにそれを入れておいて、ランニングをしたり料理をしたりするときに聞いていました。

　そして、ええ、それがとても役に立ちました。というのも、あの発音は、彼女の人生の航跡を示す地図のようなものです。なぜなら、例えば、ニューヨークでの子ども時代から、その後の私立学校の、つまり、花嫁養成学校に当たる側面、といったことまでわかるので、それがまさに、彼女の経歴の略図を示してくれるのです。

TRACK 25

Surprises

Morales: What is it about ❶Jackie that surprised you, because, obviously, you've learned a lot about her, playing this role, but was there anything that surprised you?

Portman: There was a lot that surprised me. Um, she's so ①sharp. I mean, when you read these ②transcripts of her ❷interviews after ❸the assassination, she knew every person who ③interacted with ❹JFK and what their ④policy position was and what the particular argument was and . . .

She wasn't someone who was particularly invited into this conversation. She was really, like, standing outside the door ⑤paying attention and really understood ⑥the ins and outs of all of the sort of political ⑦exchanges, and also really understood history. And was such a ⑧scholar of history that she understood that the story you tell is more important than what actually happened, and that's what ⑨sticks.

|語　注|

①**sharp**　(判断力などが)鋭い、頭の切れる
②**transcript**　筆記録、(会話などを)書き起こしたもの
③**interact with ~**　~と交流する
④**policy position**　政治的立場
⑤**pay attention**　注意を払う、気を配る
⑥**the ins and outs**　内面と外面すべて、(物事の)何もかも
⑦**exchange**　(情報などの)やりとり、交流
⑧**scholar**　研究者、博識な人
⑨**stick**　(心に)いつまでも残る

たくさんの驚き

モラレス：ジャッキーに関して驚いたことは何でしょうか、というのも、この役を演じる中で当然、彼女のことをいろいろ知ったことでしょうが、驚かされたことはありましたか？

ポートマン：驚かされたことはたくさんあります。彼女はとても頭が切れるんです。つまり、（JFKの）暗殺事件後の、彼女のインタビューの発言記録を読むと、彼女はJFKとやりとりのあった人物全員を把握していました、その政治的立場がどうであったか、主張はどういったものだったか、などを……。

彼女は、別にそういう話し合いに招かれていたわけではありません。いわば、ドアの外に立って注意を向けていただけで、そうした政治的なやりとりの裏も表も熟知していたのです。また、歴史というものをよく理解していました。歴史にとても精通していましたから、実際に起きたことよりも、人が語り伝える話の方が重要であり、それが後々まで残る、とわかっていました。

用語解説

❶**Jackie** ★Jacqueline Kennedy Onassis（ジャクリーン・ケネディ・オナシス、1929-94）。1953年にジョン・F・ケネディ（❹参照）と結婚し、61年にファーストレディになった。Jackie はJacquelineの愛称。第29代駐日アメリカ大使キャロライン・ケネディは、ジョンとの間の娘。

❷**interviews** ★1963年12月6日発売の*LIFE*誌に掲載された、ジョン・F・ケネディ大統領葬儀直後のジャクリーンのインタビュー記事や、歴史家アーサー・シュレジンジャーが行った、8時間に及ぶインタビューの書き起こしなどを指す。

❸**the assassination** ★assassinationは「暗殺」の意。ここでは、1963年11月22日に、ジョン・F・ケネディ大統領がテキサス州ダラスでのパレード中に狙撃され死亡した事件を指す。

❹**JFK** ★John F. Kennedy（ジョン・F・ケネディ、1917-63）。第35代アメリカ大統領（在任1961-63）。民主党。43歳の若さで大統領となり、公民権問題やキューバ危機、ベトナム戦争といった冷戦時代の問題に、取り組んだ。

TRACK 26

True ①Craftsmanship

Morales: Where did you ②film this? Because I went to the White House last year. I was actually there the day of ❶the State of the Union.

Portman: Wow.

Morales: But you really replicated a lot of . . . Well, I only went to the ❷East Wing, but where did ③you guys — was it a ④soundstage or . . . ?

Portman: Yes, we actually filmed this in Paris — which was ⑤amazing and ⑥unusual — because both the ❸director wanted to be there for personal reasons and I wanted to be there for ❹my family living there at the time. And so they built the White House on a stage just outside of Paris, which was, kind of, ⑦incredible.

| 語　注 |

①**craftsmanship**　職人の技能
②**film**　(〜を)撮影する
③**you guys**　あなたたち　★guyは本来「男」という意味だが、(you) guysは口語で、相手の性別を問わず用いられる。
④**soundstage**　(映画撮影用の)防音スタジオ、撮影用のセット(エリア)　★4行下のstageも同義。
⑤**amazing**　目を見張るような、素晴らしい
⑥**unusual**　普通でない、並外れた
⑦**incredible**　信じられないような、信じられないほど素晴らしい

真の職人芸

モラレス：本作の撮影はどこで行いましたか？　というのも、私は去年、ホワイトハウスに行きまして。一般教書演説の日に、ちょうどそこに行ってたんです。

ポートマン：まあ。

モラレス：それにしても、本当にいろいろと再現していましたね……。まあ、私はイーストウィングにしか行っていませんが。でもあなたたちは——あれはセットですか、それとも……？

ポートマン：そうです。実は、この作品はパリで撮影しました、すごいことですし、珍しいことですが。理由としては、監督も個人的な理由でパリに滞在したかったし、私も、当時、家族がそこに住んでいたので、パリにいたかったからです。それで、パリ近郊のスタジオにホワイトハウスが建てられたのですが、信じられないくらいすごいことでした。

|用語解説|

❶**the State of the Union (address)** 一般教書(演説)　★通例、毎年1月に行われる、大統領の議会演説。
❷**East Wing**　★ホワイトハウスには、住居部分を挟んで東西に、それぞれ連結した「ウィング」と呼ばれる別棟がある。西側に大統領執務室や上級官僚のオフィスが、東側に大統領夫人のオフィスやそのほかのスタッフのオフィスがある。
❸**director**　(映画)監督　★パブロ・ラライン監督(1976-)のこと。チリ出身の映画監督で、代表作に、アカデミー賞外国語映画賞にノミネートされた『NO』(2012)や、ベルリン国際映画祭で銀熊賞を受賞した『ザ・クラブ』(15)がある。
❹**my family living there**　★ポートマンは『ブラック・スワン』(2010)で共演したフランス人ダンサー・振付師のバンジャマン・ミルピエと結婚し、2児をもうけている。

A lot of the ①artisans, actually, that really worked on the actual White House came from France, and a lot of that old artisanship of how they ②carved and the ③embroidery and the, you know, the ④fabrics came from France, so it was actually lucky because a lot of that still exists there, that artisanship, and they just did an incredible job. I mean, it really looks exactly the same.

|語　注|

①**artisan**　(熟練の)職人　★2行目のartisanshipは「職人精神、職人の技能」の意。
②**carve**　彫る、彫刻する
③**embroidery**　刺繍(の技術)、刺繍品
④**fabric**　織物、布地

実は、本物のホワイトハウスで実際に作業した職人の多くが、フランスから来ていました。そして、ああいった彫刻法などの古くからの職人の技術や刺繍(ししゅう)の技術、織物などの多くが、フランスからのものです。ですから、まさに幸運でした。なぜなら、その多くが、その職人の技術が、今もあの国に残っていて、その人たちが信じられないほど素晴らしい仕事をしてくれましたから。つまり、本当にそっくりそのままの様子なのです。

Vocabulary List

A

□ **accent** 特徴的な発音、訛り、（特有の）口調

□ **amazing** 目を見張るような、素晴らしい

□ **artisan** （熟練の）職人

B

□ **background** 経歴

□ **before anything** 何よりも先に、まずは

□ **believable** 信じられる、真実味のある

C

□ **carve** 彫る、彫刻する

□ **craftsmanship** 職人の技能

D

□ **daunting** おじけづかせるような、ひるませるような

□ **diagram** （構造を示す）略図、図解

E

□ **embroidery** 刺繍（の技術）、刺繍品

□ **exchange** （情報などの）やりとり、交流

F

□ **fabric** 織物、布地

□ **fantastic** 素晴らしい、非常に優れた

□ **film** （～を）撮影する

G

□ **get to do** ～する機会を得る、～することができる

H

□ **honestly** 正直に言って、本当に

□ **humanity** 人間性、人間らしさ

I

□ **iconic** 象徴的な、偶像性の

□ **incredible** 信じられないような、信じられないほど素晴らしい

□ **interact with ~** ～と交流する

O

□ **obviously** 明らかに、当然

□ **~ or whatever** ～でも何でも、～など

□ **out there** 世の中に、出回って

P

□ **pay attention** 注意を払う、気を配る

□ **policy position** 政治的立場

□ **prep school** プレパラトリー・スクール ★＝preparatory school。大学進学を目指す生徒のための、私立の中等教育機関。preparatory は「予備の、準備の」の意。

R

□ **replicate** （～を）複製する、（～を）再現する

S

□ **scholar** 研究者、博識な人

□ **sharp** （判断力などが）鋭い、頭の切れる

□ **soundstage** （映画撮影用の）防音スタジオ、撮影用のセット（エリア）

□ **spot on** まさしく、正確に

□ **stick** （心に）いつまでも残る

T

□ **the ins and outs** 内面と外面すべて、（物事の）何もかも

□ **transcript** 筆記録、（会話などを）書き起こしたもの

U

□ **unusual** 普通でない、並外れた

W

□ **wardrobe** 衣装係、持ち衣装

□ **work on ~** ～に取り組む、～の研究をする

理解度チェック

インタビューの内容に一致するものは □ Yes を、一致しないものは □ No をチェックしてください。

※質問の難易度の表示は、A＝易しい、B＝普通、C＝難しい、を表します

目標正答数 初級レベル▶ ☑ 3問以上 ｜ 中級レベル▶ ☑ 6問以上 ｜ 上級レベル▶ ☑ 8問以上

	Questions	Yes	No
1	ナタリー・ポートマンは、ジャクリーン・ケネディは有名なので役作りが簡単だったと述べている。 (難易度 A)	□	□
2	ポートマンによると、ヘアメイクや衣装は、登場人物に真実味を持たせる第一歩だった。 (難易度 A)	□	□
3	ポートマンは、ジャクリーンを演じるに当たってあまり文献を読まなかった。 (難易度 B)	□	□
4	ポートマンは本作がジャクリーンをファッションアイコンとして捉えていると言っている。 (難易度 B)	□	□
5	ポートマンはジャクリーンの記録テープを何度も見聞きして、発音をまねた。 (難易度 A)	□	□
6	ポートマンは、ジャクリーンが政治や夫の仕事をほとんど理解していなかったと考えている。 (難易度 A)	□	□
7	ポートマンは、ジョン・F・ケネディ暗殺後のジャクリーンについて資料を見つけることができなかった。 (難易度 C)	□	□
8	ポートマンの捉えたジャクリーンは、人々の語り伝えが歴史において重視されることを知っていた。 (難易度 C)	□	□
9	ポートマンは、本作の大部分が、本物のホワイトハウス内で撮影されたと述べている。 (難易度 A)	□	□
10	ポートマンの説明によると、本物のホワイトハウスで作業した職人の多くはフランスから来ていた。 (難易度 A)	□	□

答え：Q1. No／Q2. Yes／Q3. No／Q4. No／Q5. Yes／Q6. No／Q7. No／Q8. Yes／Q9. No／Q10. Yes

Ryan Gosling & Damien Chazelle

ライアン・ゴズリング■1980年11月12日、カナダ、オンタリオ州生まれ。子役としてテレビ番組などに出演し、1996年映画デビュー。『ラ・ラ・ランド』(2016)でゴールデングローブ賞主演男優賞を受賞。

デイミアン・チャゼル■1985年1月19日、アメリカ、ロードアイランド州生まれ。『セッション』(2014)、『ラ・ラ・ランド』などの監督作品が高い評価を得ている。

Ryan Gosling & Damien Chazelle

TRACK 27

■収録日：2018年9月11日　■収録地：トロント（カナダ）

▶ライアン・ゴズリング
スピード　やや遅い　語彙　やや易しい　発音　こもりがち

▶デイミアン・チャゼル
スピード　速い　語彙　難しい　発音　はきはき滑らか

「伝説の宇宙飛行士を詩的な眼差しで表現」

"This incredible life was really deserving of the tribute."

「このすごい生き方は、実に称賛すべきものだとわかったよ」

Naoki Ogawa's Comment

ゴズリングは発音に訛りはなく、ゆっくり目だ。しかし感情を抑えたつぶやくような話し方で、声はこもった響きだ。こういう発音では、理解のための足場となるような表現（キーワード）が際立たない。どこを聞くべきかが伝わってきにくいのだ。英語自体は易しそうだが、理解しやすくはない。

チャゼルは対照的に、はっきりした声で滑らかに話す。論はスイスイと進んでいく。しかし、その内容は抽象的で、文も途切れなく続く。何を言いたいのかについて、推測できる力や前提知識などが必要だ。

写真：Shutterstock/ アフロ

TRACK 28

The Man on the Moon

Reporter: Ryan, what did you know about ❶Neil Armstrong before you began working on this film? And how did reading the ①script change your ②perceptions of him?

Ryan Gosling: Well, I think as soon as I learned what the moon was, I learned that a man named Neil Armstrong walked on it. So, he was always ③synonymous with the moon, but like the moon, I knew very little about him.

When I met with Damien and he, uh, told me about, that he wanted to sort of ④uncover the, the man behind the ⑤myth, and once I started to learn about Neil and, uh, his wife, ❷Janet, I realized that there was, uh, this ⑥incredible life was really ⑦deserving of the, the ⑧tribute that Damien wanted to pay to it. And it was, uh, an incredible opportunity, but it, it was an ⑨enormous, uh, responsibility.

Reporter: I was surprised to learn how ⑩reserved he was, and I thought it was interesting to ⑪portray a man who was so ⑫internal. Did you know that that would ⑬translate to good cinema?

| 語　注 |

①**script**　台本、脚本
②**perception**　認知、感じ方
③**synonymous with ~**　～と同義の、～の代名詞で
④**uncover**　(～を)明るみに出す、(～を)見つけ出す
⑤**myth**　神話
⑥**incredible**　信じられないような、すごい
⑦**deserving of ~**　～を受けるに値する
⑧**tribute**　賛辞、敬意　★pay tribute to ~で「～に賛辞を贈る、～に敬意を表する」。
⑨**enormous**　膨大な、非常に大きな
⑩**reserved**　控えめな、無口な
⑪**portray**　(～を)描写する、(～を)演じる
⑫**internal**　内向的な
⑬**translate to ~**　～に変換できる

月に降り立った男

記者：ライアンさん、この映画に取り組み始める以前、ニール・アームストロングについてどんなことをご存じでしたか？　また、脚本を読んで彼に対する認識はどう変化しましたか？

ライアン・ゴズリング：まあ、月が何であるかを学ぶと同時に、ニール・アームストロングという名前の人がそこを歩いたことを学んだと思います。ですから、彼はずっと月の代名詞のようなものでしたが、月と同様、彼についてもほとんど知りませんでした。

　デイミアンと会ったとき、彼は、神話に隠された人物の、いわば覆いを取りたいのだと話してくれました。そして、ニールと妻ジャネットについて知り始めると、このとてつもない人生は、デイミアンが贈ろうとしている称賛に十分値するのだということがわかってきました。それは、素晴らしい機会ではありましたが、重大な責任でもありました。

記者：彼がとても無口な人であったと知って驚きましたが、あれほど内向的な人物を描き出すことは興味深いと感じました。そういう人物をうまく映画で描けると確信していましたか？

|用語解説|

❶**Neil Armstrong**　ニール・アームストロング　★(1930-2012)。1969年にアポロ11号の船長として、人類で初めて月面を歩いた宇宙飛行士。映画『ファースト・マン』(2018)でゴズリングが演じている。

❷**Janet (Shearon Armstrong)**　ジャネット(・シアロン・アームストロング)★(1934-2018)。月面着陸当時のニールの妻。

Damien Chazelle: In some ways, uh, I've always been interested in people who ①have a hard time communicating their emotions in, in maybe the, the sort of, ②quote-unquote, "normal" way. You know, something with a ❶musical is you, you, kind of, can ③resort to song and dance to communicate those emotions in a way that words can't.

With Neil, I think it was, there was such ④poetry, I think, for me, just looking at his life, in the sort of story of someone who, in many cases, seemed to ⑤sublimate his emotions into his work, and into this passion that he had ever since he was a little boy, passion for ⑥aviation. And this is someone who learned how to fly before he learned how to drive.

Ryan and I had spent some time up in the corn fields, uh, in ❷Ohio, where he grew up, at his, his old ⑦farmhouse where he grew up, and, you know, it's not in the movie, but it kind of informed a lot of what we did in the movie — where you just go there, you see these s—sea, ⑧the sea of, f—flat corn fields and this giant sky. And you can kind of immediately understand why Ohio produces more ⑨astronauts than any other, any other state in the U.S., any other part of the world.

|語　注|

①**have a hard time doing**　～するのに苦労する、うまく～できない
②**quote-unquote**　いわゆる、俗に言う　★quoteは「引用始め」、unquoteは「引用終わり」の意。quote-unquoteは「続く言葉を" "に入れる」ことを口頭で表す際に使われる。
③**resort to ~**　～という手段を使う
④**poetry**　詩的であること、詩のような美しさ
⑤**sublimate A into B**　A（衝動など）をBに昇華させる
⑥**aviation**　航空、飛行
⑦**farmhouse**　農家（の家屋）
⑧**the sea of ~**　～の海、一面の～
⑨**astronaut**　宇宙飛行士

デイミアン・チャゼル：ある意味、私はずっと、いわゆる「普通の形」で感情表現をするのが苦手な人たちに興味がありました。ほら、ミュージカルを取り入れた作品なら、そうした感情を、歌や踊りを使って、言葉ではできないような形で伝えることができます。

ニールの場合、その人生にちょっと目を向けただけでも、とても詩的なところがあったと思うのです。多くの場面で感情を仕事に、また幼い少年時代から抱いていた情熱、空への情熱に昇華させているように見える人の物語の中に。しかもその人は、車の運転より先に飛び方を覚えた人なのです。

ライアンと私は、彼が育ったオハイオ州のトウモロコシ畑まで行って、彼が育った古い農場の家で時間を過ごしました。その場所自体は映画に出てきませんが、私たちが映画を作る上でいろいろなことを教えてくれました――あの場所に行って、どこまでも続く一面のトウモロコシ畑と広大な空を見るだけで。それでオハイオ州が、アメリカのほかのどの州より多く、世界のどの場所より多く、宇宙飛行士を輩出している理由がすぐにわかるのです。

|用語解説|

❶**musical**　ミュージカル　★チャゼルが自ら監督し、ゴズリングが主演した『ラ・ラ・ランド』(2016)を念頭に置いている。

❷**Ohio**　オハイオ州　★ニール・アームストロングが生まれ育ったアメリカ中西部の州。州都はコロンバス。

And so, uh, just this idea of someone who was ①continually ②drawn ③up there, it d—couldn't even communicate why, necessarily, maybe, but just needed to find answers up there, became, I think, the real ④through line for us. And, and, and then how that makes it difficult for someone who's so, kind of has his eyes so, uh, ⑤locked up at the s—at the sky, how difficult it can be to lock his eyes down on Earth and to actually ⑥engage and communicate on Earth.

TRACK 29

A ⑦Gift for ⑧Understatement

Reporter: We are fortunate to have Neil's sons, ❶Rick and ❷Mark, here today. ⑨Over the years, did people come to you wanting to tell Neil's story? Did you ever think that this would happen?

Rick Armstrong: No. *(audience laughter)* Uh, I, uh, I don't know how many people approached him. He, I think he probably, he said no to everybody until ❸Jim Hansen. Uh, and I think Jim came with, uh, an approach that was more technical ⑩in nature and, and then—

Mark Armstrong: More ⑪academic.

|語 注|

①continually 継続的に、絶えず
②draw (～を)引き寄せる、(～を)引き付ける
③up there 上に、空に
④through line 一貫したテーマ、(物語の)縦糸
⑤lock up ~ ～を固定する、～を動かなくする
⑥engage 関与する、参加する
⑦gift (天賦の)才能、資質
⑧understatement 控えめな表現
⑨over the years 長年にわたって、ここ何年も
⑩in nature 性質として
⑪academic 学究的な

ですから、絶えず空に心を奪われていた人、という考え方が——なぜなのかその理由を伝えることは必ずしもできなかったかもしれないけれど、ただ空へ答えを探しに行かなければいけなかったのだということが——私たちの作品を貫く背骨になったと思います。そして、空から目が離せない人にとっていかに難しいか、地球上にしっかり目を向けて、地球上の関わりやコミュニケーションをきちんと行うことがいかに難しいか、ということも。

控えめな表現をする才能

記者：ありがたいことに、ニールのご子息のリックさんとマークさんに、今日ここに来ていただいています。これまでの間、ニールの物語を作りたいと言ってきた人たちはいましたか？ こうしたことが起こるだろうと思ったことはありますか？

リック・アームストロング：いいえ。*(観客の笑い)* 父に話を持ち掛けた人が何人いたかは知りません。父は、おそらくジム・ハンセンが来るまではすべて断っていたと思います。ジムは、私が思うに、より技術的な性質の話を持ってきて、それで——

マーク・アームストロング：より学術的な。

|用語解説|

❶**Rick (Armstrong)**　リック（・アームストロング）　★(1957-)。月面着陸当時12歳だった、ニールの長男。RickはEricの愛称。

❷**Mark (Armstrong)**　マーク（・アームストロング）　★(1963-)。月面着陸当時6歳だった、ニールの次男。

❸**Jim Hansen**　★James R. Hansen（ジェームズ・R・ハンセン、1952-）。映画の原作となった伝記『ファーストマン　ニール・アームストロングの人生』の著者で、航空宇宙史を専門とする歴史学教授。

Rick Armstrong: You know, and didn't think he ①envisioned a movie ②or anything like it, but, you know, but he did ③consent to that. And he did what s—some 50 or 60 hours of interviews with Jim. And, and then he ④pretty much let him write, you know, whatever he, he, he ⑤took away from those interviews.

I think there was another, you know, 10 or 15 years or something before a movie ⑥came out. I couldn't tell you why, ha, it took that long. But I do think he, he would be "pleased" with the result. *(audience laughter)*

Mark Armstrong: Uh, that's a ⑦line from the film for, for those of you that don't know. Dad's asked, "How did you feel when you were chosen to be the, to ⑧command the first ⑨mission to the moon?" And he, he said, "I was pleased." *(audience laughter)* A—and it shows his gift for understatement, but it also is what actually happened.

And I just wanna say that it's one of many moments that is portrayed in the film that is exactly what happened, and the way it happened. And I think that ⑩speaks to the ⑪authenticity of the film, and, um, I just really wanna ⑫congratulate all of these ⑬folks for, uh, for the great work that they did.

|語　注|

①**envision**　(～を)心に描く、(～を)予想する
②**~ or anything like it**　～やそれに近いこと、～やその類い
③**consent to ~**　～に同意する、～を承諾する
④**pretty much**　ほぼ、ほとんど
⑤**take away A from B**　BからAを得る、BからAを学び取る
⑥**come out**　結果として出る、世に出る、姿を現す
⑦**line**　(詩・せりふなどの)一節
⑧**command**　(～を)指揮する
⑨**mission**　ミッション、宇宙飛行
⑩**speak to ~**　～を証明する
⑪**authenticity**　信ぴょう性、本物であること
⑫**congratulate**　(～を)祝う、(～を)褒めたたえる
⑬**folks**　人々、皆さん　★この意味では通例、複数形。

リック・アームストロング：父が映画だとかそういったものを想定していたとは思いませんが、その件には同意したのです。そして、ジムと50～60時間ばかりのインタビューをしました。その後、父はそのインタビューで得たことを、ほぼ何でも書いていいと許可しました。

それから、また10～15年くらいたってから、映画の話になりました。なぜそんなに時間がかかったのかは、ハハ、私からは言えません。ですが、私としては確かに思います、父がこの結果を「うれしいと思う」であろうと。*(観客の笑い)*

マーク・アームストロング：今のは映画のせりふなんです、ご存じない方のために言っておきますと。父は「月に最初に行くミッションの船長に選ばれたとき、どう感じましたか？」と聞かれるのですが、こう答えるのです、「うれしいと思った」と。*(観客の笑い)* これは、父が控えめな表現をする才能の持ち主であったことを示していますが、実際に起こったやりとりでもあります。

そして、ひと言申し上げておきたいのですが、映画では実際にあった多くの出来事がそのとおりに描かれていて、これもその一つです。そこから、この映画が真実に即したものであるということが伝わると思いますし、素晴らしい仕事を成し遂げたこちらの方々全員に、ぜひ称賛を贈りたいと思います。

TRACK 30

Love for the ①Legacy

Reporter: Ryan, you've played ❶real people before, and this time, you ②were lucky enough to have Mark and Rick help you in your research.

Gosling: Yeah, absolutely. And I think the greatest challenge of this movie — and there were many — was that, that they were gonna see the film when this was over. And I thought about that often. Ha-ha. But, uh, yeah, they were, um, just ③extremely helpful and, and ④supportive and always ⑤available to answer questions.

Also, uh, was able to meet Janet, which was, uh, very honored to meet her and spend time with her in her home. Neil's sister, June. Damien mentioned we ⑥got to, um, spend time with her at the, the farm where Neil grew up. I'd never had more help on a film — I, I really, between family, friends, uh, colleagues of Neil, as well as, uh, Jim's, uh, ⑦thoroughly researched book, um, and him constantly being ⑧on set.

Yeah, I've never had more help and, and more people that were happy to help. You could really feel how much love, uh, everyone had for Neil and Janet, and their legacy, and, and wanted to ⑨make sure that they give us ⑩everyth—bit of information they could so that, you know, if something was ⑪inaccurate, it wasn't, you know, it wasn't because they ⑫left it out.

|語　注|

①legacy　遺産、後世に残すもの
②be lucky enough to do　運よく～する、幸運にも～する
③extremely　極めて、とても
④supportive　支援してくれる、協力的な
⑤available　都合のつく、対応できる
⑥get to do　～することができる
⑦thoroughly　徹底的に
⑧on set　撮影現場で
⑨make sure that . . .　確実に……であるようにする
⑩every bit of ~　ありとあらゆる～　★everyと言おうとしてeveryth—となっている。
⑪inaccurate　不正確な
⑫leave ~ out　～を省く、～を言い忘れる

愛される偉業

記者：ライアンさん、あなたはこれまでも実在の人物を演じていますが、今回の役の準備では、マークさんとリックさんという存在に恵まれました。

ゴズリング：ええ、まったくそのとおりです。この映画の最大の課題は――たくさんあった中でも――この撮影が済んだらお二人も作品を見るだろうということだったと思います。それがしょっちゅう頭をよぎりました。ハハハ。でも、ええ、お二人はこの上なく協力的で支えになってくださって、いつでも質問に答える時間を作ってくれました。

また、ジャネットさんに会うこともできましたが、ご自宅でお会いして一緒に時間を過ごすことができたのはとても光栄でした。ニールの妹のジューンさんにも。デイミアンも言っていましたが、ニールの育った農場で一緒に過ごすことができました。こんなに協力を得た映画はありませんでした――本当に、ニールの家族や友人や同僚といい、ジムの徹底的に調べ上げた原作といい。それにジムは、撮影現場にもいつも来てくれました。

ええ、こんなに協力を得たのも、喜んで協力してくれる人たちがいたのも初めてでした。皆がニールとジャネットを、彼らの残した偉業を、どれだけ愛しているのか肌で感じることができました。そして、どんな情報もつぶさに提供してくれようとしているのを感じました、何か不正確な部分があったとしても自分たちが言わずにおいたせいではないように、と。

|用語解説|

❶**real people** ★ゴズリングは『L.A.ギャング ストーリー』(2013)、『マネー・ショート 華麗なる大逆転』(2015)といった、実話を基にした作品に出演している。

Reporter: It's clear that great ①attention was paid to detail in the film, including you having to sit ②sealed inside these ③cramped ④tin cans. What did you do to ⑤pass the time?

Gosling: Just sort of sat in there, you know, *(audience laughter)* for hours. There was always someone, uh, when we were ⑥shooting the mission ⑦sequences, there was always somebody who had been directly involved with that mission in some way.

Like, ⑧for instance, when we shot the ❶X-15 sequence, ❷Joe Engle was there, who was the last-living X-15 pilot. Or ❸Al Worden, or ❹Frank Borman, so we had a, I think they were the, they were obviously there to help ⑨ensure the ⑩accuracy, but I think they were also there to ensure that there were no, it was impossible to complain. *(audience laughter)* Because they had really experienced it. So, there was, any time you thought you might, you would see them and you'd think, "Oh, that's, yeah." *(audience laughter)* That's right — it was ⑪immediate ⑫perspective, helpful perspective.

|語　注|

①**pay attention to ~**　~に注意を払う
②**sealed**　密封されて
③**cramped**　隙間なく詰め込まれた、窮屈な
④**tin can**　ブリキ缶、缶詰の缶　★宇宙飛行士が搭乗する狭いカプセル部分を、缶詰に例えている。
⑤**pass the time**　時間をつぶす
⑥**shoot**　(~を)撮影する
⑦**sequence**　シーケンス、一連の場面
⑧**for instance**　例えば
⑨**ensure**　(~を)確実にする、(~を)保証する　★同行の後半にあるensure that . . .は「……ということを保証する」。
⑩**accuracy**　正確さ
⑪**immediate**　直接の、(認識などが)自ら体験したことによる
⑫**perspective**　視点、物の見方

記者：あなたがあの狭苦しい缶詰のようなコックピット内に座ったまま閉じ込められる必要があったことも含めて、今作の細かい部分にまで多大な注意が払われているのは明らかです。何をして時間をつぶしていましたか？

ゴズリング：ただそこに座っていただけです、（観客の笑い）何時間もね。飛行シーンの撮影中は必ず誰かがいました、その飛行に何らかの形で直接関わった人が必ずいてくれたのです。

例えば、X-15の場面の撮影には、最後の存命のX-15パイロットであるジョー・エングルがいました。あるいは、アル・ウォーデンであったり、フランク・ボーマンであったり。ですから、まあ彼らは、もちろん正確さを担保するためにいてくれたのですが、私が思うに、彼らがいたことで、文句を言っている場合じゃないなと思えたのです。（観客の笑い）だって彼らは本当にそれを経験してきたのですから。ですから、文句が出てきそうになるたびに、彼らが目に入って、思うのです、「ああ、あれは、そうか」と。（観客の笑い）そうなんです――あれは直接体験から得た視点で、役に立つ視点でした。

| 用 語 解 説 |

❶**X-15**　★ロケットエンジンを搭載した極超音速実験飛行機（飛行期間1959-68）。アームストロングはそのテストパイロットの一人だった。
❷**Joe Engle**　ジョー・エングル　★(1932-)。元X-15テストパイロット。後にNASAの宇宙飛行士となりスペースシャトルのテスト飛行などを行った。
❸**Al Worden**　★Alfred Worden（アルフレッド・ウォーデン、1932- ）。アポロ9号に支援飛行士、12号に予備飛行士として参加し、アポロ15号で月面飛行を行った元宇宙飛行士。
❹**Frank Borman**　フランク・ボーマン　★(1928-)。初めて月を周回したアポロ8号で船長を務めた元宇宙飛行士。

TRACK 31

Something Deeper

Reporter: You know, Damien, I was thinking that if your movies have a common theme, it's people who ①are driven to achieve ②excellence ③at all costs. Do you often wonder if the costs are worth it?

Chazelle: Well, I think, in some ways, it's a question you have to ask about almost any truly, kind of, ④history-making achievement. I think sometimes we like to, we almost ⑤willfully forget how ⑥costly these achievements can be.

But I think one thing that was also really interesting to me about Neil that, to me, was very different from any character, uh, I'd tried to ⑦film before was that, you know, I'd filmed characters who had this sort of ⑧burning ⑨ambition to, you know, be great or be famous or ⑩whatnot, and Neil, uh, certainly, he was full of ambition, but at least the way we ⑪interpreted him, I think what was so ⑫fascinating about him is that, uh, I think, in some ways, he himself couldn't even ⑬articulate why the moon, or why certain missions.

I think, in many ways, he ⑭thought of himself as doing a job. And it came from this true childhood love of planes, which ⑮extended into spacecraft.

|語　注|

①**be driven to do**　～しようと駆り立てられる、～しようと突き動かされる
②**excellence**　優れたこと、卓越したもの
③**at all costs**　どんな犠牲を払っても、何がなんでも　★costは「代償、犠牲」の意。
④**history-making**　歴史的な、歴史に残るような
⑤**willfully**　故意に、わざと
⑥**costly**　代償を伴う、犠牲の大きい
⑦**film**　（～を）映像に収める、（～を）撮影する
⑧**burning**　燃えるような、熱烈な
⑨**ambition**　野心、大志
⑩**whatnot**　などなど
⑪**interpret**　（～を）解釈する
⑫**fascinating**　強く興味を引き付ける、魅力的な
⑬**articulate**　（～を）はっきりと口にする、（～を）述べる
⑭**think of oneself as ~**　自分を～だと見なす
⑮**extend into ~**　～へと広がる

より深遠な何か

記者：ところで、デイミアンさん、あなたの映画に共通のテーマがあるとしたら、どんな代償を払っても卓越したことを達成しようとする人たち、ではないかと思うのですが。払った代償分の価値があるかどうか、疑問に思うことはよくありますか？

チャゼル：まあ、それはある意味、真に歴史的な偉業のほぼすべてに関して抱くべき疑問だと思います。時に私たちは、そうした偉業がどれだけ犠牲を伴うものなのか、あえて忘れるようなところがあると思います。

ですが、ニールに関して私がとても興味を引かれたことで、私がそれまで映画にしようとしてきた人物たちと大きく異なっていた一点は、それまで映画にしてきた人物たちは、大物になりたいとか有名になりたいとか何だとかいった燃えたぎる野心を抱いていたのですが、ニールは、まあ確かに、野心に満ちていたとはいえ、少なくとも私たちの解釈において彼の非常に興味深いところは、ある意味、彼自身が、なぜ月なのか、なぜ特定のミッションなのかを、はっきり明確化することすらできていなかったところだと思います。

多くの点で、彼は自分が任務を果たしているのだと考えていたように思われます。そしてそれは、子ども時代の飛行機への心からの憧れに端を発していて、その延長線上に宇宙船があったのです。

Um, but I think, again, it's, uh, and it was something Ryan articulated ①early on when we were talking about the character, I think there was just, there was something deeper to Neil that was not so much about ambition and more just about constantly wanting to see just beyond.

There was a line, I think, at some point that I think we maybe took from, um, an interview of Neil's where he ②refers to ③peeking behind the curtain.

It's just that sort of beautiful ④sentiment, which I think in some ways, uh, you know, once you ⑤get beyond the, if you look beyond the, the space race ⑥aspect of that period of history, just that very kind of ⑦primal desire of humankind to just peek behind the curtain, and how that got sort of sublimated into one individual in this case, and one ⑧pursuit.

I think that sort of, it became more interesting to me, I guess, and, and more ⑨profound than, someone who wants to be a, a ⑩great drummer or something. You know, there's, there was just a, that's a very ⑪concrete goal, but this felt like it had something that was harder to ⑫put into words. And therefore I think we ⑬were really kind of motivated to try to film it.

|語　注|

①**early on when we were talking about the character**　★会見中、誌面に含まれない部分で、ゴズリングがアームストロングの人柄について話す場面があった。
②**refer to ~**　～に言及する
③**peek**　のぞき見る
④**sentiment**　心情、気持ち
⑤**get beyond ~**　～の枠を超える
⑥**aspect**　側面、観点
⑦**primal**　原初の、本能的な
⑧**pursuit**　追求、探究
⑨**profound**　深遠な、奥深い
⑩**great drummer**　★自らが監督した『セッション』(2014)の主人公を念頭に置いている。
⑪**concrete**　具体的な
⑫**put ~ into words**　～を言葉にする、～を言い表す
⑬**be motivated to do**　～する気がある、～する意欲の湧いた

でもやはり思うのです、この人物について先ほど話していたときにライアンが言ってくれたことですが、ニールにはもっと深いものがあったのだと思います、野心とかいうものではなく、常に少しでも向こう側を見たいと望み続けることなのだと。

確かニールのインタビューから引用したせりふがどこかに出てくるのですが、そこで彼は、カーテンの向こう側（に隠されたまだ見ぬもの）をのぞき見るという話をしています。

そうした美しい心情は、それはある意味、いったん枠組みを超えたところで、歴史上のあの時期に起こった宇宙開発競争という側面を超越した目で見たときにわかります。つまり、隠されているものをのぞき見たいという、まさに人間の原初的な欲求のようなものです。それがいかにして、この場合は一人の人間、一つの探究に昇華されたかということなのです。

それが私にとってはどうやら、偉大なドラム奏者か何かになりたいと願う人物よりも、興味深く、深遠に感じられました。あれはとても具体的な目標でしたが、こちらには言葉にするのがより難しい何かがあるように感じられました。だからこそ、自分たちでそれを映画にしてみようという意欲が湧き起こってきたのだと思います。

|用語解説|

❶**space race**　宇宙開発競争　★
1950～60年代、冷戦中のソ連とアメリカでそれぞれ宇宙開発が進められていたが、初の人工衛星や初の有人宇宙飛行などはソ連が成功させており、月面着陸を先に行うことにはアメリカの国威が懸かっていた。

TRACK 32

Astronaut Poet

Reporter: The “❶one small step” line, where Neil steps onto the moon, was done so well that it sounded like you’d used the original recording. How important was it for you to get that perfect?

Gosling: I think that’s ①arguably, uh, one of the most famous things that’s ever been said. And, ha-ha, it was, uh, a huge responsibility, we felt, to ②get it right. Not, not just in its, um, ③sonically or, you know, to ④parrot it, but I, I feel like that line says so much about what I admired about Neil — which was his ability to, uh, be—see everything ⑤in broader terms —that he could see a giant leap in one small step, that he could see himself as a man both representing his country and a, a human being representing mankind.

It’s such a profound thing to say. And, uh, I felt like it always ⑥fascinated me what person would say that. Who is that person that could make this, this ⑦heroic moment not about themselves but about everything?

To ⑧put it so ⑨eloquently, so beautifully, it’s . . . it was an honor to be able to say it, and, and to get to understand, uh, or ⑩try and understand the, the man that would say something like that.

| 語　注 |

①**arguably**　十分に論証できて、まず間違いなく
②**get ~ right**　～を正しく理解する、～をきちんとやる
③**sonically**　音質的に
④**parrot**　(言葉を)まねて繰り返す
⑤**in broad terms**　広い意味で、大きな見方で
⑥**fascinate**　(～を)魅了する、(～の心を)捉える
⑦**heroic**　英雄的な、壮大な
⑧**put**　(～を)言葉にする、(～を)表現する
⑨**eloquently**　雄弁に
⑩**try and do**　～しようと試みる

宇宙飛行士の詩人

記者：ニールが月に降り立ったときの「小さな一歩」(のせりふ) はとてもよくできていて、本物の録音を使ったように聞こえました。あれを完璧に言うことは、あなたにとってどれぐらい重要でしたか？

ゴズリング：あれが史上最も有名な言葉の一つであることは、まず間違いありません。ですから、ハハハ、忠実に再現する責任は重大だとみんなが感じていました。単に音声的に物まねするというのではなく、あのひと言には、私がすごいと思ったニールの人柄が大いに表れています——それは、あらゆるものをより広い観点から見る力です—小さな一歩に大きな飛躍を見ることができ、自分自身を、自国の代表者として見るとともに、人類を代表する一個の人間として見ることもできた点です。

あれはとても深いひと言です。いつも心をかき立てられるように感じていました、あんなことを言うのはどんな人なのかと。この英雄的な瞬間を、自分たち自身ではなく、すべてを表すものにできたこの人物とは何者なんだろうと。

あんなにも雄弁に、あんなにも美しく言葉にするなんて……あのせりふを言うことができて光栄でした、理解することができたのは、というか、あんなことを言うような人物を理解しようと努力できたのは。

|用語解説|

❶**one small step** ★アームストロングが月面に降りたときの言葉 "That's one small step for (a) man, one giant leap for mankind."(これは人間にとっては小さな一歩だが、人類にとっては大きな飛躍だ) を指す。

Chazelle: The one thing that, um, one thing that Ryan, I remember, uh, ①pointed out to me early on, uh, and that famous line is just actually one of several examples of it throughout Neil's life, is that for someone who, Neil in this case, for someone who was famous for being, uh, a ②man of few words, uh, the words he did speak were often so beautiful, so perfect, there really was a poet in him.

And I also find, like, sometimes you actually, at least, I found, kind of listening to interviews or talking to former astronauts — especially ❶those who had walked on the moon — this sort of poet would come out of all of them: that they would, you know, talk about, uh, you hear phrases like "❷sitting on God's front porch," "peeking behind the curtain," "one small step for man, one giant leap for mankind," and many other phrases I'm not even thinking of. The documentary ❸*For All Mankind* is a beautiful ③compendium of a lot of those, of a lot of those, uh, sentences and phrases in the astronauts' words.

Coordinated by Jordan Riefe

Narrated by Kelly Haavaldsrud

| 語　注 |

①**point out ~**　～を指摘する
②**man of few words**　口数の少ない人
③**compendium**　抄録、まとめたもの

チャゼル：それと一つ、ライアンが確か先ほど指摘してくれたのですが、あの有名なせりふはニールの生涯を通じた数々の例の一つにすぎないのです。今回のニールのように口数が少ないことで有名な人物にもかかわらず、その口を開いたときの言葉がとても美しくとても見事なことが多くて、その人の中にまさに詩人がいたのです。

また、感じるのですが、時折まさに、少なくとも私が感じたのは、元宇宙飛行士のインタビューを聞いたり彼らと話をしたりすると—特に月面を歩いた人であれば——全員からこうした詩人が顔を出します。彼らが話すのは、皆さんも「神の玄関先に座る」とか「カーテンの向こうをのぞく」とか「人間にとっては小さな一歩、人類にとっては大きな飛躍」とか、それ以外にも私が思い出せもしないようなフレーズをいろいろと聞いているでしょうが、『宇宙へのフロンティア』というドキュメンタリー映画には、宇宙飛行士の発したこうした文言の多くが見事にまとめられています。

|用語解説|

❶**those who had walked on the moon** ★1969年から72年の間に、アメリカの宇宙飛行士が12人、月面に降り立った。

❷**sitting on God's front porch** 神の玄関先に座っている ★1972年に最後の月面着陸を行ったユージン・サーナン(1934-2017)の言葉で、月面から地球を見たときの様子を神の視点に例えたもの。

❸***For All Mankind*** 『宇宙へのフロンティア』 ★(1989)。アポロ計画と月面飛行に関する実際の記録映像をまとめたドキュメンタリー映画。原題は、アポロ11号が月面に残してきた銘板に刻まれている "We came in peace for all mankind." (すべての人類を代表し、平和のうちに来たれり)という1文から取ったもの。

Vocabulary List

A

☐ **arguably**　十分に論証できて、まず間違いなく

☐ **articulate**　(～を) はっきりと口にする、(～を) 述べる

☐ **at all costs**　どんな犠牲を払っても、何がなんでも　★cost は「代償、犠牲」の意。

☐ **authenticity**　信ぴょう性、本物であること

☐ **aviation**　航空、飛行

B

☐ **be motivated to do**　～する気がある、～する意欲の湧いた

C

☐ **come out**　結果として出る、世に出る、姿を現す

☐ **compendium**　抄録、まとめたもの

☐ **concrete**　具体的な

☐ **consent to ~**　～に同意する、～を承諾する

☐ **costly**　代償を伴う、犠牲の大きい

☐ **cramped**　隙間なく詰め込まれた、窮屈な

D

☐ **deserving of ~**　～を受けるに値する

E

☐ **eloquently**　雄弁に

☐ **ensure**　(～を) 確実にする、(～を) 保証する

☐ **envision**　(～を) 心に描く、(～を) 予想する

☐ **every bit of ~**　ありとあらゆる～

☐ **immediate**　直接の、(認識などが) 自ら体験したことによる

☐ **in broad terms**　広い意味で、大きな見方で

☐ **in nature**　性質として

☐ **internal**　内向的な

☐ **leave ~ out**　～を省く、～を言い忘れる

☐ **lock up ~**　～を固定する、～を動かなくする

M

☐ **make sure that . . .**　確実に……であるようにする

P

☐ **parrot**　(言葉を) まねて繰り返す

☐ **perception**　認知、感じ方

☐ **point out ~**　～を指摘する

☐ **primal**　原初の、本能的な

R

☐ **refer to ~**　～に言及する

☐ **reserved**　控えめな、無口な

☐ **resort to ~**　～という手段を使う

☐ **sonically**　音質的に

☐ **sublimate A into B**　A (衝動など) を B に昇華させる

☐ **supportive**　支援してくれる、協力的な

☐ **synonymous with ~**　～と同義の、～の代名詞で

☐ **the sea of ~**　～の海、一面の～

☐ **through line**　一貫したテーマ、(物語の) 縦糸

☐ **translate to ~**　～に変換できる

☐ **uncover**　(～を) 明るみに出す、(～を) 見つけ出す

☐ **willfully**　故意に、わざと

理解度チェック

インタビューの内容に一致するものは □ Yes を、一致しないものは □ No をチェックしてください。

※質問の難易度の表示は、A＝易しい、B＝普通、C＝難しい、を表します

目標正答数	初級レベル▶ ☑ 3問以上	中級レベル▶ ☑ 6問以上	上級レベル▶ ☑ 8問以上

Questions		Yes	No
1	ライアン・ゴズリングは『ファースト・マン』の映画に関わる前から、ニール・アームストロングの生涯をかなり詳しく知っていた。(難易度 A)	□	□
2	デイミアン・チャゼル監督は、感情表現が苦手な人々にもともと関心があった。(難易度 C)	□	□
3	チャゼルとゴズリングは、ニール・アームストロングが育った農場で過ごした。(難易度 B)	□	□
4	チャゼルは、オハイオ州が多くの宇宙飛行士を輩出してきたと言っている。(難易度 A)	□	□
5	リック・アームストロングによると、父親ニールは、ジム・ハンセンに 15 年間にわたる取材を受けた。(難易度 B)	□	□
6	ゴズリングは演技の際に、アームストロング家からなるべく情報を得ないよう注意した。(難易度 A)	□	□
7	チャゼルの考えでは、ニール・アームストロングの偉業の秘密は、人並み以上の野心に尽きる。(難易度 C)	□	□
8	ゴズリングは、出来事を大きな視点で見るニール・アームストロングの能力を称賛している。(難易度 A)	□	□
9	チャゼルによると、ニール・アームストロングは冗舌だったからこそ、歴史に残るせりふを思い付いた。(難易度 B)	□	□
10	チャゼルが知る限り、宇宙飛行士を務めた人は詩的な言葉を多く残している。(難易度 B)	□	□

答え：Q1. No／Q2. Yes／Q3. Yes／Q4. Yes／Q5. No／Q6. No／Q7. No／Q8. Yes／Q9. No／Q10. Yes

Rami Malek

ラミ・マレック■1981年5月12日、アメリカ、ロサンゼルス生まれ。エジプト移民の両親のもと、幼少期はアラビア語で育つ。2015年に始まったテレビシリーズ「MR. ROBOT/ミスター・ロボット」で主役を務める。『ボヘミアン・ラプソディ』(2018) でフレディ・マーキュリーを演じ、ゴールデングローブ賞とアカデミー賞で主演男優賞を受賞。

TRACK 33

■収録日：2019年2月24日 ■収録地：ロサンゼルス（アメリカ）

スピード やや遅い
語 彙 普通
発 音 強弱や高低の差が小さい

「受賞の喜びを熱く語る新時代の才能」

"I never thought this would happen in my life."

「自分の人生でこんなことが起こるなんて思ってもみなかった」

Naoki Ogawa's Comment

米国で生まれ育ったものの、幼少期はアラビア語で育ったせいか、どことなく外国人訛りが感じられる。それは母音や子音などではなく、韻律*の問題だ。普通の英語は強弱や高低差が大きいが、彼の場合、その差が比較的小さい。そのため平坦な感じに聞こえる。また発話速度もあまり速くない。彼は40歳くらいだが、年配者が話しているように聞こえないだろうか。それは控えめな韻律ゆえだ。

*リズムやイントネーションなど。

写真：Shutterstock/ アフロ

TRACK 34

An [❶]Oscar [①]Winner Is Born

Reporter: Rami, congratulations on your Oscar win!

Rami Malek: Well, I just wanna say thank you, [②]guys, for being here and . . . *(applause)* I will say this, I don't think [③]critically, the decision on this film was [④]unanimous, but I do [⑤]appreciate everything you guys had to write. As a kid, I read criticism of film and I learned so much from it so, [⑥]no matter what, I still do very much appreciate you. Thank you.

Reporter: And how did this Oscar success happen for you?

Malek: I really got, I [⑦]got blessed. Last night, Mr. [❷]Spielberg sat, he had his daughter come up to me and say, "Hey, [⑧]make sure you [⑨]say hi to Rami Malek. It would mean a lot to me, it'd mean a lot to him." So, I had a [⑩]seminal moment in my life where I knew some [⑪]auteurs could influence my life.

|語　注|

①**winner**　受賞者　★本文1行目のwinは名詞で「獲得、受賞」の意味。
②**guys**　皆さん　★複数の相手へのくだけた呼び掛け。相手の性別を問わず使われる。
③**critically**　批評の面で、批評家によって　★2行下のcriticismは名詞で「(芸術作品の)批評」の意味。
④**unanimous**　満場一致の
⑤**appreciate**　～の価値を認識する、～に感謝する
⑥**no matter what**　何であろうと、どんなものであろうと
⑦**get blessed**　幸運に恵まれる
⑧**make sure (that) . . .**　確実に……であるようにする
⑨**say hi to ~**　～にあいさつする
⑩**seminal**　将来に重大な影響を及ぼす、影響力の大きい
⑪**auteur**　(映像)作家、(脚本を自ら手掛ける)映画監督　★発音は[outə́ːr]。

オスカーを獲得した新星

記者：ラミさん、オスカー獲得おめでとうございます！

ラミ・マレック：まずは、皆さんにお礼を言わせてください、こうして来てくださって……。*(拍手)* 申し上げますと、映画評という点で、この作品に対する判断は一様でなかったようですが、僕としては皆さんが（映画評として）書くべくして書いたことすべてに心から感謝します。子どもの頃、映画評を読んで、そこからいろいろなことを学びました。ですから、どんなものであろうと、やはり大変ありがたく思います。ありがとうございます。

記者：このオスカー獲得に至る経緯はどんなものでしたか？

マレック：僕は本当に、恵まれました。昨夜スピルバーグ監督が座っていて、娘さんを僕の方に来させて言ったんです、「ほら、ラミ・マレックにちゃんとあいさつしなさい。そうすることが私にとって大きな意味を持つし、彼にとって大きな意味を持つんだよ」と。こんなふうに、僕には、何人かの映画監督が僕の人生に影響を与えてくれるのかもしれないと実感する、人生の分岐点がありました。

|用語解説|

❶**Oscar**　オスカー（像）　★アカデミー受賞者に授与される金色の像。アカデミー賞そのものを指しても使われる。
❷**(Steven) Spielberg**　（スティーヴン・）スピルバーグ　★(1946-)。アカデミー監督賞を2度受賞している、アメリカの映画監督。マレックはスピルバーグが製作総指揮を務めたテレビシリーズ「ザ・パシフィック」(2010) に出演している。

Since then, ①I'm about to begin Season 4 of ❶"Mr. Robot" with ❷Sam Esmail. ②In the middle of the second, no, the third season, while we were ③working on that, I got a call from ❸Graham King and ❹Denis O'Sullivan to meet them in Los Angeles. And they were fans of "Mr. Robot." And they thought I, I don't know how they thought a young man who felt so ④alienated, ⑤profoundly alienated, with such ⑥social anxiety, could ever play ❺Freddie Mercury.

But the one thing that was beautiful about it was I started to discover that in this ⑦audacious, ⑧present, ⑨communicative, powerful human being there was a sense of loneliness and a sense of anxiety. And I could ⑩relate the two together.

| 語　注 |

①**be about to do**　間もなく～しようとしている
②**in the middle of ~**　～の真っ最中に
③**work on ~**　～に取り組む
④**alienated**　疎外された　★発音は[éiljənèitid]。
⑤**profoundly**　深く、大いに
⑥**social anxiety**　社会不安、対人恐怖
⑦**audacious**　大胆な、独創的な
⑧**present**　存在感のある
⑨**communicative**　話し好きな、コミュニケーション上手な
⑩**relate**　(～を)関連付ける、(～を)結び付ける

そこから、僕はもうすぐ、サム・エスメイルと共に「ミスター・ロボット」のシーズン4に入ります。シーズン2の、じゃなくて、シーズン3の真っただ中で、その撮影をしていたときに、グレアム・キングとデニス・オサリヴァンからロサンゼルスで会おうという電話をもらいました。しかも、彼らは「ミスター・ロボット」のファンでした。そしてこう思ってくれたのです、どうしてそう思ってくれたのか僕にはわかりません、とても疎外感を抱いた、根深い疎外感とひどい社会不安を抱いた若者に、フレディ・マーキュリーを演じることができるはずだなんて。

ですが、これに関して一つ素晴らしかったのは、この卓越した存在感を持つ、話し上手でパワフルな人物も、孤独感や不安感を秘めていたのだとわかるようになったことです。それで、僕はその（自分とフレディが抱いた感情という）2つを結び付けることができたのです。

|用語解説|

❶**"Mr. Robot"** 「MR. ROBOT/ミスター・ロボット」 ★アメリカの人気テレビドラマで、マレックの出世作。昼はサイバーセキュリティー会社に勤め、夜はハッカーとして個人の悪行を暴いている若者が、謎めいたハッカー集団に関わったことから世界規模のたくらみに巻き込まれる。マレックは、優秀なサイバーエンジニアでありながら、対人関係に苦手意識を持ち、社会不安障害を抱える主人公を演じた。

❷**Sam Esmail** サム・エスメイル ★(1977-)。「MR. ROBOT/ミスター・ロボット」の企画・脚本・監督・製作総指揮。

❸**Graham King** グレアム・キング ★(1961-)。映画『ボヘミアン・ラプソディ』のプロデューサー。

❹**Denis O'Sullivan** デニス・オサリヴァン ★映画『ボヘミアン・ラプソディ』の製作総指揮。

❺**Freddie Mercury** フレディ・マーキュリー ★(1946-91)。イギリスのロックバンド、クイーンのボーカリスト。タンザニアのザンジバル島でインド人の両親の下に生まれ、後にイギリスへ移住。出生名はファルーク・バルサラだが、クイーンを結成した1971年ごろに改名。

So, I thank them for discovering that in me, but I do have to thank so many great auteurs who have brought me to the point where I felt confident in my work. And ❶Spike Lee's one of them. ❷Alfonso Cuaron is one of them. ❸Paul Thomas Anderson is one of them. Sam Esmail is definitely one of them.

①The list goes on, but it was the confidence that they all ②imbued in me to be able to think that I could ③take on this challenge. Then . . . well, that's a long story. *(audience laughter)*

TRACK 35

A Beautiful ④Heritage

Reporter: I read that when you were growing up, you loved ❹Umm Kulthum and ❺Omar Sharif, but has your Egyptian and Arabic heritage influenced you in any other ways?

Malek: ⑤I would say that, you know, as a young man . . . My sister was born in Egypt. I think when I grew up as a kid, I wanted, part of me felt like I needed to ⑥shed some of that — wanted to, I didn't feel like I ⑦fit in. I definitely felt like the ⑧outsider.

| 語　注 |

①**the list goes on**　挙げていくと切りがない、枚挙にいとまがない
②**imbue**　(～を)染み込ませる、(～を人に)植え付ける
③**take on a challenge**　挑戦する
④**heritage**　(文化的な)遺産、伝統
⑤**I would say that . . .**　私としては……だろうと思う、まあ……でしょうね　★意見を控えめに述べる表現。
⑥**shed**　(古い習慣などを)捨て去る
⑦**fit in**　なじむ、溶け込む
⑧**outsider**　部外者、よそ者

ですから、彼らが僕の中のその部分を見いだしてくれたことに感謝していますが、自分の仕事に自信が持てるようになるところまで僕を導いてくれた、非常に多くの偉大な映画監督にも感謝しなければなりません。スパイク・リーもその一人です。アルフォンソ・キュアロンもその一人です。ポール・トーマス・アンダーソンもその一人です。サム・エスメイルも、間違いなくその一人です。

名前を挙げていくと切りがありませんが、この大役に挑むことができると自分で思えたのも、こうした皆さんが僕に植え付けてくれた自信のおかげです。それから……まあ、話が長くなってしまいますね。*(観客の笑い)*

素晴らしい文化的遺産

記者：子どもの頃はウム・クルスームとオマー・シャリフがお好きだったという記事を読みましたが、エジプトやアラブの伝統文化から受けた影響はほかにもありますか？

マレック：僕としては、まあ、若者だった頃は……。姉はエジプトで生まれたのですが、(アメリカで生まれた) 僕は子どもの頃、どこかでそういうものをいくらか捨て去る必要があると感じていました——そうしたかったのです、周りになじめていないと感じていたので。自分がよそ者だと強く感じていました。

|用語解説|

❶**Spike Lee** スパイク・リー ★(1957-)。アメリカの映画監督。『ブラック・クランズマン』でアカデミー賞脚色賞を受賞。『オールド・ボーイ』(2013)にマレックが出演した。

❷**Alfonso Cuaron** アルフォンソ・キュアロン ★(1961-)。メキシコ出身の映画監督。『ゼロ・グラビティ』(2013)でアカデミー賞監督賞、撮影賞を、『ROMA/ローマ』で2度目の監督賞、外国語映画賞、撮影賞を受賞。

❸**Paul Thomas Anderson** ポール・トーマス・アンダーソン ★(1970-)。アメリカの映画監督。『ザ・マスター』(2012)にマレックが出演した。

❹**Umm Kulthum** ウム・クルスーム ★(1904?-75)。「アラブの至宝」「エジプトの巨星」の異名を持つ、エジプトの国民的女性歌手。

❺**Omar Sharif** オマー・シャリフ ★(1932-2015)。エジプト出身の俳優。『アラビアのロレンス』(1962)、『ドクトル・ジバゴ』(1965)でゴールデングローブ賞を受賞。

And as I got older, I, I realized just how beautiful my heritage and my tradition is, and the ①wealth of culture, and magic, and music, and film, and just ②pure art that comes out of the Middle East. And now ③I'm so privileged to ④represent it. And to anyone from there — and ⑤for that matter, the entire world — we all ⑥got a shot at this. We really do.

TRACK 36

❶We Are All the Champions

Reporter: You gave ❷a beautiful speech, which talked a lot about ⑦inclusion. How does your Oscar ⑧fit into that and ⑨reflect that?

Malek: It's a political question, and I appreciate it, but . . .

Reporter: No, I'm talking about the inclusion of the film.

Malek: I grew up in a world where I never thought I was gonna play the ⑩lead on "Mr. Robot," because I never saw anyone in a lead role that looked like me.

| 語　注 |

①**wealth**　富、豊かさ
②**pure art**　純粋美術　★(商業目的などではなく)純粋に芸術的な価値を追求する美術。
③**be privileged to do**　～する恩恵を受ける、～できることを光栄に感じる
④**represent**　(～を)代表する
⑤**for that matter**　そのことについては、それを言うなら
⑥**get (have) a shot at ~**　～のチャンスがある
⑦**inclusion**　包括、一体化、あらゆる人を受け入れること
⑧**fit into ~**　～に当てはまる
⑨**reflect**　(～を)反映する、(～を)映し出す
⑩**lead**　主役　★同じ行のlead roleも同様の意味。

それが、大きくなるにつれて、自分たちの受け継いできたものと伝統が、いかに素晴らしいかを理解するようになりました。さらには、文化の豊かさ、不思議な魅力、音楽、映画、そして中東発祥の純粋美術についても。今では、自分がその代表であることをとても光栄に感じています。そして、中東出身の、いえ、世界中の人に言いたいのですが、みんなにこういったチャンスがあるんです。本当にそうなんです。

誰もがチャンピオン

記者：多様性の受け入れについて多くを語る素晴らしいスピーチをなさいました。あなたのアカデミー賞受賞は、その考えとどう適合し、それをどう反映していますか？

マレック：それは政治的な質問になりますので、申し訳ないのですが……

記者：いえ、作品における多様性の受け入れについての話です。

マレック：僕が育った頃の世界は、自分が「ミスター・ロボット」で主役を演じることになるなんて思いもよらないものでした。何しろ、僕のような外見の人物が主役を演じるのを見たことがありませんでしたから。

|用語解説|

❶**We Are All the Champions** ★クイーンの曲名"We Are the Champions"（邦題「伝説のチャンピオン」）に掛けている。p. 158、最終行のせりふも同様。
❷**a beautiful speech** ★アカデミー賞の受賞スピーチを指す。フレディ・マーキュリーが同性愛者であり移民であったことや、マレック自身も移民の子であることに触れつつ、受賞の意義について語った。

I never thought that I could ①possibly play Freddie Mercury until I realized his name was ❶Farrokh Bulsara. And that is the most powerful message that was sent to me from the beginning. That was the ②motivation that allowed me to say, "Oh, I can do this."

When that man steps on stage and, he ③moves people in a way that no one else does. And he has the ability to ④look everyone in the eye and ⑤see them for who they are. And that's because he was struggling to ⑥identify himself. And all of that passion and ⑦virtue, and everything burning inside of him, allowed him to ⑧look to everybody else and say, "Hey, I see you. Not right here in the front; I see you there in the back. I see all of you. I will play to all of you, and together, we will ⑨transcend."

Because ⑩it's not about being from one place, or looking like one thing, one ⑪race, any of that. We're all human beings — and ⑫forgive me for this — but ⑬collectively, we are all the champions.

| 語 注 |

①**possibly** (否定文で)到底、絶対に
②**motivation** 動機、原動力
③**move** (人の心を)動かす、(～を)感動させる
④**look ~ in the eye** ～の目を見る、～を正面から見据える
⑤**see ~ for who ~ is/are** ありのままの～(人)を見る
⑥**identify oneself** 自分の身元を証明する、自分が何者なのかを明らかにする
⑦**virtue** 善行、美徳
⑧**look to ~** ～に目を向ける
⑨**transcend** (限界を)超える、抜きんでる
⑩**it's not about ~** ～の問題ではない、～は重要ではない
⑪**race** 人種
⑫**forgive me for (saying) this** こんなことを言うのは失礼かもしれませんが、あえてこう言わせてもらいますが
⑬**collectively** 集合的に、全体で

自分にフレディ・マーキュリー役を演じる可能性があるなんてこれっぽっちも考えたことがありませんでした、彼の本名がファルーク・バルサラだと知るまでは。それが、最初から僕に伝わってきた最も力強いメッセージでした。それが僕に「よし、僕はこの役を演じられるぞ」と思わせる原動力でした。

あの人はステージに上がると、ほかの誰もしないようなやり方で人の心を動かします。そして彼には、人と真っすぐ向き合って、その人の真実の姿を見る力があります。それというのも、彼自身が自分は何者なのかを探ろうともがいていたからです。そうした情熱や美徳、彼の中で燃え盛っていたものすべてのおかげで、ほかのどんな人を見ても、こう言うことができたのです。「ほら、君の姿が見える。客席の前の方だけじゃなく、後ろの方も。君たちみんなの姿が見える。君たちみんなに向かって演奏するから、一緒に超えていこう」と。

というのも、どこの出身だとか、どんな外見だとか、どういった人種だとか、そうしたことは何も問題ではないからです。僕たちは皆、同じ人間であり――こう言わせていただけるなら――人は皆、「誰もがチャンピオン」なのです。

|用語解説|

❶**Farrokh Bulsara**　ファルーク・バルサラ　★フレディ・マーキュリー（p. 153、❺参照）の出生名。

TRACK 37

Celebrating a Dream

Reporter: Did you have any idea your [1]portrayal of Freddie Mercury might [2]end up [3]earning you an Academy Award? How did that feel?

Malek: I, [4]I gotta say, being on that stage, I think I may have, I don't know how I looked on that stage, but I never thought this would happen in my life.

The one thing I can say about this is, as an actor, and there are so many of us who only dream of one thing, and perhaps it's not this, it's just getting a job.

So that the fact that I have [5]this in my hand right now is [6]beyond any expectation that myself or perhaps my family could have ever had. And I'll just say that. I mean, it's been a tough battle. I think you all know about it. And the fact that I'm here celebrating with you is [7]proof that a lot of things can be [8]overcome and that anything is possible. And tonight, I'm celebrating with all of you, and anyone who has a dream, it can happen. Thank you. *(applause)*

Coordinated by Jordan Riefe

Narrated by Guy Perryman

|語 注|

①**portrayal**　描写、演技
②**end up doing**　結果として～することになる
③**earn A B**　AにBをもたらす
④**I gotta say**　実のところ、まったく　★＝I (have) got to say＝I have to say。文意を強調するために添えられる表現。
⑤**this**　★手にしているオスカー像のこと。
⑥**beyond (any) expectation**　予想を超えた、予想だにしない
⑦**proof**　証明、証し
⑧**overcome**　(～を)克服する、(～を)乗り越える

夢の実現を祝って

記者：ご自身のフレディ・マーキュリーの演技がアカデミー賞受賞という結果につながると思っていましたか？　どんなお気持ちでしたか？

マレック：まったくのところ、あの（授賞式の）壇上での僕はもしかすると、まあ壇上での自分がどう見えていたのかはわかりませんが、僕は自分の人生でこんなことが起こるなんて思ってもみませんでした。

これに関して一つ言えることは、俳優という立場で、何かを夢に見ることしかできない仲間がたくさんいます。しかも下手をすると、それはこういう（賞を取る）ことどころか、ただ仕事にありつくことだったりします。

ですから、今、この像を僕が手にしているという事実は、僕自身も、おそらく僕の家族も、まったく予想だにしなかったことです。そして、これだけは言えます。つまり、これは厳しい闘いでした。それは皆さんご存じだと思います。僕が皆さんとここで喜びを分かち合っているという事実は、さまざまなことを乗り越えることができるという証しであり、どんなことも可能であるという証しなのです。今夜、僕は皆さんと喜びを分かち合っています。そして夢を持つ誰もが、その夢を実現できます。ありがとうございました。*(拍手)*

Vocabulary List

A

□ alienated　疎外された

□ appreciate　～の価値を認識する、～に感謝する

□ audacious　大胆な、独創的な

□ auteur　（映像）作家、（脚本を自ら手掛ける）映画監督

B

□ be about to do　間もなく～しようとしている

□ be privileged to do　～する恩恵を受ける、～できることを光栄に感じる

□ beyond (any) expectation　予想を超えた、予想だにしない

C

□ collectively　集合的に、全体で

□ communicative　話し好きな、コミュニケーション上手な

□ critically　批評の面で、批評家によって

E

□ earn A B　AにBをもたらす

F

□ fit in　なじむ、溶け込む

□ for that matter　そのことについては、それを言うなら

G

□ get (have) a shot at ~　～のチャンスがある

□ get blessed　幸運に恵まれる

H

□ heritage　（文化的な）遺産、伝統

I

□ identify oneself　自分の身元を証明する、自分が何者なのかを明らかにする

□ imbue　（～を）染み込ませる、（～を人に）植え付ける

□ inclusion　包括、一体化、あらゆる人を受け入れること

□ it's not about ~　～の問題ではない、～は重要ではない

L

□ lead　主役

□ look ~ in the eye　～の目を見る、～を正面から見据える

□ look to ~　～に目を向ける

M

□ move　（人の心を）動かす、（～を）感動させる

O

□ outsider　部外者、よそ者

□ overcome　（～を）克服する、（～を）乗り越える

P

□ possibly　（否定文で）到底、絶対に

□ present　存在感のある

□ profoundly　深く、大いに

R

□ reflect　（～を）反映する、（～を）映し出す

□ represent　（～を）代表する

S

□ see ~ for who ~ is/are　ありのままの～（人）を見る

□ seminal　将来に重大な影響を及ぼす、影響力の大きい

□ shed　（古い習慣などを）捨て去る

T

□ take on a challenge　挑戦する

□ transcend　（限界を）超える、抜きんでる

U

□ unanimous　満場一致の

V

□ virtue　善行、美徳

W

□ wealth　富、豊かさ

理解度チェック

インタビューの内容に一致するものは □ Yes を、一致しないものは □ No をチェックしてください。

※質問の難易度の表示は、A =易しい、B =普通、C =難しい、を表します

目標正答数	初級レベル▶ ☑ 3問以上	中級レベル▶ ☑ 6問以上	上級レベル▶ ☑ 8問以上

Questions		Yes	No
1	ラミ・マレックによると、彼は子どもの頃、映画評を読んで多くを学んだ。 (難易度 A)	□	□
2	マレックは、自分はもともと話し上手で存在感があり、エネルギッシュな性格だと言っている。 (難易度 A)	□	□
3	マレックは、フレディ・マーキュリーと自分の共通点として、孤独感と不安感を挙げている。 (難易度 A)	□	□
4	マレックは多くの映画監督に会うにつれ、大役を務める自信を失った。 (難易度 A)	□	□
5	マレックによると、彼の姉は子どもの頃、エジプト社会からの疎外感を味わった。 (難易度 C)	□	□
6	マレックは成長するにつれ、エジプトの伝統や文化の素晴らしさを実感するようになった。 (難易度 A)	□	□
7	マレックは今回のアカデミー賞受賞には、政治的な側面が影響したと述べている。 (難易度 C)	□	□
8	マレックによると、フレディ・マーキュリーの出生名を知り、「僕はこの役を演じられる」と感じた。 (難易度 B)	□	□
9	マレックは、フレディ・マーキュリーは自身のアイデンティティーについて何ら迷いがなかったと考えている。 (難易度 A)	□	□
10	マレックによると、多くの俳優にとって、仕事にありつくことは夢のような状況である。 (難易度 B)	□	□

答え： Q1. Yes／Q2. No／Q3. Yes／Q4. No／Q5. No／Q6. Yes／Q7. No／Q8. Yes／Q9. No／Q10. Yes

Leonardo DiCaprio & Brad Pitt

レオナルド・ディカプリオ■1974年11月11日、アメリカ、ロサンゼルス生まれ。1991年映画デビュー。『タイタニック』（1997）で大ブレーク。『レヴェナント：蘇えりし者』（2015）でアカデミー賞主演男優賞を受賞した。

ブラッド・ピット■1963年12月18日、アメリカ、オクラホマ州生まれ。1987年映画デビュー。自身の映画製作会社『プランBエンターテインメント』は『ムーンライト』（2016）、『ビューティフル・ボーイ』（18）など優れた作品を世に送り出している。

Leonardo DiCaprio & Brad Pitt

TRACK 38

■収録日：2019年5月4日　■収録地：ロサンゼルス（アメリカ）

▶レオナルド・ディカプリオ

スピード 普通　語彙 難しい　発音 明瞭

▶ブラッド・ピット

スピード 普通　語彙 やや難しい　発音 やや崩れがち

「映画の今とこれからを語る大御所たち」

"There's a new player in town."

「この業界を変える新しい人材が登場している」

Naoki Ogawa's Comment

ディカプリオは行儀の良い感じのする、明瞭な発音だ。安心して聞ける英語だ。ちなみに Leonardo DiCaprio は [liːənὰɚdoʊ dikǽprioʊ]。彼とは対照的に、ピットはかなり雑な発音で話すことがあり、音の崩れが多い。p. 182の彼の発言では、最初の文はまず聞き取れない。また同段落3行目の you can't もほとんど聞こえない。文脈を捉える力や背景知識などがないと、彼の発言の聞き取りは容易ではない。

なお p. 172、2行目に tension lifted という表現がある。カタカナ語的に解釈すれば「気分が盛り上がって」のように思える。しかし英語では「緊張が取り除かれる」という意味だ。外来語には、もともとの英語と意味が異なるものがあるので注意したい。

写真：ロイター／アフロ

TRACK 39

A Love Letter to [1]Filmmaking

Reporter: What do you feel you've learned from ❶Quentin Tarantino?

Leonardo DiCaprio: The [2]consistency that I've found in people that make good art in this industry — in particular those directors — are those that have an [3]acute understanding and [4]appreciation of its history.

And Quentin not only understands the history of the classic cinema but the [5]B and [6]pulp films that I've never heard of, that are a lost [7]art form that he has copies of. Music that, that I've never heard of. Television that I've never heard of. And the complete [8]filmography of actors that have [9]sort of disappeared in, [10]historically.

And ❷this film is an [11]homage to all those that have maybe been sort of forgotten, and, I think, an internal struggle for those during that [12]time period that were struggling to be successful but did give their contributions. It's his love letter to this industry.

|語 注|

①**filmmaking**　映画製作
②**consistency**　一貫性、一致していること
③**acute**　（感覚・知力などが）鋭い
④**appreciation**　（真価の）認識、理解
⑤**B film**　B級映画　★＝B movie。
⑥**pulp film**　パルプ映画、大衆映画　★pulp（安っぽい紙）を使った大衆誌に載っていたpulp fiction（パルプ・フィクション、大衆小説）と呼ばれる小説を映画にした（ような）作品。
⑦**art form**　芸術スタイル・ジャンル
⑧**filmography**　映画関連資料、映画作品目録
⑨**sort of**　多少、ある意味
⑩**historically**　歴史上、歴史的に
⑪**homage**　オマージュ、敬意を表したもの　★一般的な発音は[hámidʒ]だが、ここでは元となったフランス語hommageに近い[ɒmɑ:ʒ]のように発音されている。
⑫**time period**　期間、時期　★本作は1969年にハリウッドで起きたある事件を背景に描かれている。

映画製作へのラブレター

記者：クエンティン・タランティーノ監督からどんなことを学んだと感じますか？

レオナルド・ディカプリオ：私が気付いた、この業界でいい作品を生み出す人たちの共通点は——特にこうした監督たちは——映画史をしっかり把握し理解している人たちだ、ということです。

しかもクエンティンが理解しているのは名作映画の歴史ばかりでなく、私が聞いたこともないようなB級映画やパルプ映画についてもそうで、それらは消えてしまったジャンルですが、彼の手元にコピーが残っています。私が聞いたこともないような音楽についてもそうです。聞いたことのないテレビ（番組）についてもそうです。さらには、歴史の中に埋もれてしまったような俳優たちを網羅した出演記録までもです。

そしてこの作品は、おそらく忘れ去られてしまったであろう、そうした人たちへのオマージュであり、あの時代に成功を夢見て苦労し、実際に貢献をした人たちに対する、複雑な胸の内でもあるのだと思います。クエンティンからこの業界へのラブレターなのです。

|用語解説|

❶**Quentin Tarantino**　クエンティン・タランティーノ　★(1963-)。アメリカの脚本家・映画監督・俳優。ここで話題になっている映画『ワンス・アポン・ア・タイム・イン・ハリウッド』(2019)を監督した。『パルプ・フィクション』(1994)でカンヌ国際映画祭のパルム・ドールを、同作と『ジャンゴ　繋がれざる者』(2012)でアカデミー賞脚本賞を受賞。B級映画や大衆映画に詳しいほか、日本の任侠映画への造詣も深い。

❷**this film**　★『ワンス・アポン・ア・タイム・イン・ハリウッド』を指す。ディカプリオが落ち目の俳優リックを、ピットが彼のスタントマンであるクリフを演じる。いずれも架空の人物だが、ストーリーは1969年のハリウッドに実在した俳優や、実際に起こった事件をネタにしている。ゴールデングローブ賞で作品賞、脚本賞、ピットが助演男優賞を受賞。ちなみにクリフの愛犬役は、カンヌ国際映画祭で優れた演技をした犬に贈られる「パルム・ドッグ」を受賞した。

Brad Pitt: I would add to that just "joy of process." His ①sets are just . . . Like, he will not let a ②take interrupt a good story. If there's a good story happening between the takes, we're gonna finish the good story first and then we're gonna, then we'll ③get to the take. *(laughter)*

There's just a real joy for the process and even the history of, of the process of filmmaking, and he's a ④stalwart in preserving a lot of the old ways ⑤as far as ⑥effects and fight scenes, and you can't ⑦cheat — if a ⑧shot is gonna be in one, you can't have a ⑨cut point; it's gotta be in one. And he's a ⑩purist in that way, and it's a real joy.

There's something else, too, 'bout his dialogue. His dialogue . . . I've only found this with ❶the Coen brothers, too — there's such a rhythm to his dialogue. If you start adding, changing words or "um"s or "uh" or slow it down, it ⑪messes up the music. He's very, yeah, it's very ⑫precise, very . . . There's a real beauty to his, uh, mm, with his ⑬cadence.

DiCaprio: Yeah.

| 語　注 |

①**set**　セット、撮影現場
②**take**　テイク、1回の撮影
③**get to ~**　～に到達する、～に着手する
④**stalwart**　熱烈な信奉者
⑤**as far as ~**　～に関しては
⑥**effect**　（特殊）効果
⑦**cheat**　ずるをする、ごまかす
⑧**shot**　ショット、（切れ目のない一連の）撮影場面
⑨**cut**　（映画などの）カット
⑩**purist**　純粋主義者
⑪**mess up ~**　～をめちゃくちゃにする、～を台無しにする
⑫**precise**　精密な、ぴたりと合った
⑬**cadence**　（声・言葉・詩の）調子、リズム　★発音は [kéidns]。

ブラッド・ピット：私から付け加えるとしたら、「製作過程の楽しさ」ですね。彼の撮影現場では……その、彼は、いいストーリーを撮影テイクに邪魔させはしないのです。テイクとテイクの間でいいストーリーが生まれていたら、まずそのいいストーリーを完結させて、それからテイクに取り掛かるのです。(笑い)

こうした製作過程や映画作りの歴史は実に楽しいものですし、それに、彼は（特殊）効果や格闘シーンに関して昔ながらのいろいろな手法を維持することに情熱を注ぐ人ですから、ごまかしが利きません——ワンショットで撮る場面だというのであれば、カットをかける部分があってはならず、ひと続きでなければならないのです。そういうところが彼は純粋主義者であり、それは実に楽しいものです。

ほかに、彼の書く会話についても特別なものがあります。彼のせりふのやりとりは……同じような経験をしたのはコーエン兄弟ぐらいですが——彼のせりふのやりとりには、すごくリズムがあるのです。もし、言葉を付け足したり変えたり、"um" だの "uh" だの言ったり、もたついたりしたら、その音楽性が台無しになります。彼は非常に緻密で……その調子には、まさしく美が存在します。

ディカプリオ：そうですね。

|用語解説|

❶**the Coen brothers**　コーエン兄弟★Joel Coen（ジョエル・コーエン、1954-）とEthan Coen（イーサン・コーエン、1957-）の兄弟。『ファーゴ』(1996)や『ノーカントリー』(2007)など多くの作品を共同製作している。ピットは『バーン・アフター・リーディング』(08)に出演した。

Ease and Comfort

Reporter: And, Leonardo, how was it working with Brad?

DiCaprio: So, we have that ①frame of reference, but, no, it was ②fantastic working with Brad. I mean, what was great is that we have this ③intersecting story together, but there was this, I think there's great ease and comfort that we had — not only for working together, but the fact that we knew so much of our ④back story's characters that if there were moments of ⑤improvisation, there was just this sort of natural thing that came out in us.

Not a l—not a lot needed to be said. You, you understood the ⑥bond between our characters. We understood it ⑦implicitly. I mean, we ⑧literally got ⑨folders of what our history was together — how long we'd been in (the) industry, how he's ⑩had my back through the hard times, and it was just—

Pitt: I mean, Quentin ⑪defines back story upon back story upon back story, and . . .

|語　注|

①frame of reference　行動や考え方の基準枠
②fantastic　夢のような、素晴らしい
③intersecting　交差している
④back story　(登場人物の)来歴、(物語に表立って現れない)設定
⑤improvisation　即興、アドリブ
⑥bond　結び付き、きずな
⑦implicitly　暗黙のうちに、それとなく
⑧literally　文字どおり、まさに
⑨folder　フォルダー、(書類をまとめておく)ファイル
⑩have someone's back　(～を)守ってやる、(～を)かばってやる
⑪define　(～を)定義する、(～を)はっきりと決める

気楽さと安心感

記者：ではレオナルドさん、ブラッドさんと共演していかがでしたか？

ディカプリオ：私たちは同じ判断基準を持つ者同士ですが、ブラッドとの共演は最高でした。つまり、すごく良かったこととして、私たちは交わり合う筋書きを共有しているので、とても気楽で安心感があったと思います——共演部分だけでなく、自分たちの裏設定のキャラクターもよくわかっていたおかげで、アドリブシーンがあっても、二人の間でごく自然なものが生まれました。

多くを語る必要はなかったのです。演じた人物の間にある結び付きが理解できていたので。暗黙の了解ができていましたよ。つまり、文字どおり資料があったのです、われわれ（が演じる人物）が共に過ごした歴史がどういうものだったのか——この（映画）業界に入ってどれぐらいなのか、彼（の演じるスタントマン）が私（の演じる俳優）の大変な時期をどう支えてきたのか、それがまさに——

ピット：というのも、クエンティンは裏設定のさらに裏設定のさらに裏設定まで決めるので……

DiCaprio: No, it was fantastic. He's an ①amazing actor and so professional, and so easy to work with. And when you have that sort of tension ②lifted, great things can happen. And we haven't seen the movie, ③per se, but we hope that— *(general laughter)*

Pitt: But right, right now, we remain hopeful.
(laughter)

TRACK 41

④Hitting the Lottery

Reporter: What ⑤resonated with you the most in this film?

DiCaprio: ⑥Weirdly, I ⑦connected with this character and this story kind of ⑧right away. 'Cause like we were s—speaking about earlier, it's his, uh, homage or ⑨love story to this industry and those that have been forgotten. And I think that Brad and I, we, and we all talked about the fact you need to be prepared, but you also need to have that ⑩one stroke of luck, that one opportunity that you're given.

|語　注|

①**amazing**　驚くほどの、素晴らしい
②**lift**　(重圧を)取り除く
③**per se**　それ自体は　★否定文に用いられる。発音は[pəːr séi]。
④**hit a lottery**　宝くじに当たる
⑤**resonate with ~**　~に共鳴する、~の共感を呼ぶ
⑥**weirdly**　妙に、おかしなことに
⑦**connect with ~**　~と(気持ちが)通じる、~に共感する
⑧**right away**　すぐに
⑨**love story**　★love letterの言い間違いと思われる。
⑩**one stroke of luck**　降って湧いたような(思いがけない)幸運　★strokeは「(運の)思わぬ到来」。

ディカプリオ：いや、最高でしたよ。彼（ピット）は素晴らしい俳優で、とてもプロ意識が高くて、とても仕事がしやすい人です。そして、そんなふうに現場の緊張が取り除かれると、素晴らしいことが起こり得ます。実を言うとわれわれはまだ映画そのものは見ていないのですが、そう願っています──（みんなが笑う）

ピット：でも今のところ、希望は捨てていませんよ。
（笑い）

宝くじに当たったような幸運

記者：この作品のどこに最も共感しましたか？

ディカプリオ：不思議なことに、この人物とこのストーリーには、自分と通じるものをすぐに感じました。というのも、先ほどもお話ししたとおり、この作品は、この（映画）業界と忘れ去られた人々への、監督からのオマージュでありラブレターです。そして思うのですが、ブラッドも私も、みんなでよく話していたのは、ほら、（チャンスが来たときのために）準備をしておく必要はありますが、その一度の幸運に、与えられるその一度のチャンスに恵まれる必要もやはりあるのです。

And ❶Rick is still searching for that opportunity. He's still, and is, sort of his whole identity is defined on getting that opportunity and if, in these changing times, ①culturally and in (the) industry, will he ever be able to be the ②manifestation of his own dreams, or is he going to have to be happy ③in his own skin? Is he gonna ④be thankful for what he does have?

I have a lot friends that are actors, that are still searching for those opportunities. And I ⑤happened to be in the right place at the right time when I was younger. I've been able to ⑥be my own boss creatively, and I feel so fortunate for that, but it's ⑦in my DNA — it's that club that you will, will you ever belong to that ⑧elite club? Will they ever allow you in? You know. And is your life and your meaning and your worth ⑨dependent on that? And I think that's Rick's journey ⑩in a lot of ways in this movie.

Reporter: How about you, Brad? What did you most connect with in this film?

|語　注|

①**culturally**　文化的に
②**manifestation**　発現、現実化
③**in one's own skin**　ありのままの姿で、あるがままの自分で
④**be thankful for ~**　~に感謝する
⑤**happen to be ~**　たまたま~である
⑥**be one's own boss**　自分のことを自分で決められる、好きなようにやれる立場にある
⑦**in one's DNA**　~が生まれ持った、~の存在の根底にある　★自分の意図ではコントロールしたり選択したりできないことを表す。
⑧**elite club**　★ハリウッドのコミュニティーを指して言っている。
⑨**dependent on ~**　~に頼った、~次第である
⑩**in a lot of ways**　いろいろな面で

そして（私の演じた）リックはそのチャンスをまだ探し求めています。彼はまだ――ある意味、彼のアイデンティティーが丸ごと、そのチャンスを得ることで決まってくるのです。そして、この文化的にも業界内部でも変化の激しい時代に、果たして彼は自身の夢を実現させることができるのか、それともありのままの自分に満足せざるを得なくなるのか。自分が確かに手にしているものに感謝するようになるのか。

私にも、そうしたチャンスをいまだ探し求めている俳優の友達がたくさんいます。そして私自身は、若い頃にたまたま、いいタイミングでいい場所にいただけです。クリエイティブな部分に関してこれまで自分の思うとおりにやってこられていますし、そのことをとても幸運に感じていますが、たまたまそういう生まれだったわけです――その（メンバー専用の）クラブ、そのエリート専用クラブにいつか所属することがあるのだろうか？　彼らが自分を入れてくれることがあるのだろうか？　そして、自分の人生や存在意義や価値は、それに左右されるのだろうか？　本作でのリックの旅路は、いろいろな意味でそういうことなのだと思います。

記者：あなたはどうですか、ブラッドさん？　この作品のどこにいちばん共感しましたか？

|用語解説|

❶**Rick**　リック　★『ワンス・アポン・ア・タイム・イン・ハリウッド』でディカプリオが演じる1960年代の俳優。

Pitt: What did I connect with? More ①hanging on what Leo was j—was just saying, because it is, I, I do, I agree. I feel like in many ways, um, that we've hit the lottery. And there's so many talented people ②out there. The ③trick is getting in the, you know, once you get in the door, is how, you know, staying in the room. And, but, and we did. We've had the opportunities to, to learn that and ④survive that, and ⑤find our way, and ⑥make it our own.

Filmmaking in ⑦Transition

Reporter: So, would you say that getting the opportunity ⑧in the first place might be the main difference between yourself and these other talented actors whom we haven't heard of yet?

Pitt: It's one of the things I'm . . . It's really ⑨evident with ❶streaming now, 'cause you're seeing so many talented actors and so many talented writers and directors coming to play that—

DiCaprio: And ideas.

| 語　注 |

①**hang on ~**　～から離れない、～を続ける
②**out there**　外の世界に、世の中に
③**trick**　秘訣、こつ、ポイント
④**survive**　(苦労や逆境を)乗り切って生き抜く
⑤**find one's way**　苦労して進む
⑥**make ~ one's own**　～を(工夫や労力を注いで)自分自身のものにする
⑦**transition**　変遷、移行、過渡期
⑧**in the first place**　最初に、そもそも
⑨**evident**　明白な、歴然とした

ピット：どこに共感したかですか？　レオが今言っていたことをさらに続けますが、というのも、私もまったく同感なので。いろいろな意味で、自分たちは宝くじに当たったようなものだと感じます。そして、世の中には才能のある人があふれています。運の分かれ目は中に入ること、つまり、いったんドアの中に入れば、そう、部屋の中に居続けることができるのです。そして、私たちはそうしました。私たちが、それを学び、そこで生き抜き、どうにか前に進んで、自分なりにやっていく機会に恵まれたことは確かです。

過渡期にある映画製作

記者：では、最初にそうした機会に恵まれたことが、ご自身と、才能があってもまだ無名のほかの俳優との、主な違いではないかとおっしゃるのですね？

ピット：それは一つあると思います、私は……。今、ストリーミング配信によってちょうど明らかになっていることです、というのも、とても多くの才能ある俳優、とても多くの才能ある脚本家や監督が頭角を現してきているのを目にしていますから——

ディカプリオ：それにアイデアも。

|用語解説|

❶**streaming**　ストリーミング　★ここでは、映画の「ストリーミング配信」のこと。劇場公開せずにネット上で配信公開される映画が増えていることを指している。

Pitt: They were always there. And ideas.

DiCaprio: Yeah.

Pitt: They were always there. There was just a limited opportunity. So, I think, we'll be seeing more of them.

DiCaprio: Yeah, I hope it's a real, I hope it's a r—you know, that we keep talking about in past conversations about the transitions in the Hollywood history and, and musical to ❶the director era, the ❷talkies from silent films. And now, we're in this very interesting transition here. And we're doing a film that I think ①hearkens back to a, maybe a forgotten style of making movies, you know, a film that I think is, it, it's sort of ②dissipating right now. But I'm looking forward to this — there's a new tech ③coming into play. ④There's a new player in town.

I think, in a lot of ways, the old ❸studio system is becoming a ⑤fossil, ha-ha. And ⑥there's new players in town. We're seeing a different format in the way movies or, or entertainment is done with these long series or . . . But, at the same time, there's a lot of amazing documentaries, but I'm looking forward to see(ing) what art sort of ⑦turns into.

| 語　注 |

①**hearken back to ~**　~を思い出させる、~に立ち戻る　★hearkenは「耳を傾ける」の意。
②**dissipate**　霧散する、消失する
③**come into play**　効力を発揮し始める、重要な役割を果たすようになる
④**There's a new player in town.**　状況を変える者が現れた。　★このplayerは「大きな役割を果たす者」の意味。playerの代わりにsheriff（［アメリカの］保安官）を使うこともある。
⑤**fossil**　化石、時代遅れのもの
⑥**there's new players**　★正しくはthere are new players。2行下のthere's も正しくはthere are。
⑦**turn into ~**　~に変化する

ピット：彼らは前からずっといたのです。それにアイデアも（あったのです）。

ディカプリオ：そう。

ピット：彼らは前からいたのですが、限られた機会しかなかったのです。ですから、これからはそうした人たちがさらに姿を現してくると思います。

ディカプリオ：そうですね、期待しているのはまさに、願わくは――ほら、さっきまでの話題はずっとハリウッド史の変遷についての話でしたよね、ミュージカル時代から監督作品時代、無声映画からトーキーという流れの。そして今、私たちはとても興味深い過渡期にあります。そんなときに私たちは、半ば忘れ去られた映画製作スタイルを振り返る映画を作っているわけです。ほら、今にも消え失せようとしている映画です。でも、私は楽しみにしているんです――新しい技術が台頭するのを。状況を変えるニュープレイヤーが登場しています。

いろいろな意味で、旧来のスタジオシステムは化石になりつつあると思いますよ、ハハハ。状況を変えるニュープレイヤーが登場しているんです。映画や娯楽が長いシリーズで作られるという、これまでと違う形態も目にしていますし……それと同時に、素晴らしいドキュメンタリーもたくさんあります。とにかく、作品がどんな形に変化していくのか楽しみです。

|用語解説|

❶**the director era**　★1920年代以降に技術の進歩によって監督たちが自身の製作スタイルを確立し、それが作風として注目されるようになった時代を指す。eraは「時代」の意。

❷**talkie**　トーキー　★silent film（サイレント映画、無声映画）に対して、音声が付き始めた頃の映画作品を指す。

❸**studio system**　スタジオシステム　★大手映画スタジオが映画製作や配信を寡占する状態。

I, I just hope that ①we're not so overwhelmed with content that we become ②desensitized to when something really unique ③comes around. But those things are being given opportunities in a way that I don't think . . . Like I was talking about, uh, in the, in the room just now, ④there's a lot of things that I think can get made now that I don't think could've gotten made even five years ago.

I mean, there's movies that I'd be begging, "Please!" You know, "Please: I know ⑤it's about sex and drugs and violence, and this, or this. ⑥Plea—" You know, it's, "I know it doesn't fit the format of what you studios think, but there *is* a commercial aspect to this. Please give us money!" *(laughter)*

Now, I think there are, like, three or four, certainly when those, you know, the, certainly these new ⑦outsources have a ⑧theatrical aspect and can ⑨give these great directors the ability to have their audiences watch it in the way they should be ⑩glorified, ⑪sound-wise, and the, at, with that ⑫immersive experience, that ⑬communal experience. Then they'll ⑭have it all figured out. And then I think we're gonna . . . It's gonna be interesting.

| 語　注 |

①**be overwhelmed with ~**　～に(数や量の多さで)圧倒される
②**desensitize**　(～の)感覚を鈍らせる
③**come around**　巡って来る
④**there's**　★正しくはthere are。ほかにも同様のくだけた文法が所々に出てくる。
⑤**it's about ~**　大切なのは～だ
⑥**Plea—**　★Please.と言いかけたものと思われる。
⑦**outsource**　アウトソース、外部委託　★ここでは、「スタジオシステムではない形で作られた映画」を指すと思われる。
⑧**theatrical**　演劇的な、劇場の
⑨**give A the ability to do**　Aが～することを可能にする
⑩**glorify**　(～を)美しく見せる、(～を)立派に見せる
⑪**-wise**　～の点で、～に関して
⑫**immersive**　没入させる、どっぷりと入り込ませる、(ディスプレイなどが)没入型の
⑬**communal**　共同の、共有の
⑭**have ~ all figured out**　～をすっかり理解してもらう

ただ、コンテンツの多さに圧倒されて、本当にユニークなものが出てきたときに見過ごしてしまわないようにしたいですね。でも、そうしたものが、とても思わなかったような形で機会を得ていて……ここでついさっきも話していたように、ほんの5年前にはとてもできなかったようなことが、今ではいろいろとできるようになっていると思います。

つまり、「(製作資金を) お願い！」と私が訴えたい映画があるんです。ほら、「お願いです、わかっていますよ、大切なのはセックスとドラッグと暴力と、あれやこれやだというのは。お願い――」とね。「あなた方のスタジオが考えているフォーマットに合致しないのはわかっていますが、この作品には商業的な側面も確かにあるんです。お願いですから資金を！」というわけです。(笑い)

今はたぶん3つか4つの、確かにそうした、確かにこうした新しいスタイルの映画にも劇場公開という側面があって、こうした優秀な監督たちが、本来のあるべき立派な形で観客に示せる可能性があります――音響効果を高めて、没入型の体験ができ、(観客同士の) 共有体験のできるような形で。そうすれば理解も深まります。そんなふうになればきっと……面白いことになりますよ。

TRACK 43

①Misconceptions

Reporter: What do you think is the biggest misconception today about Hollywood and ②fame, and that ③whole package?

Pitt: We were talking about this earlier. There's always this view on Hollywood that it's all ④solipsistic and ⑤needy, and ⑥all about "me, me, me," and ⑦getting ahead, and ⑧you can't deny that that doesn't exist, it, but it exists in all, all environments.

I found the most interesting people in this community, people who are ⑨inquisitive of, or questioning intelligent ideas, ⑩thought-provoking ideas, people that, searching for their selves, their worth, searching for answers, meaning, and the question of ⑪storytelling. You know, I think one of the reasons we love movies is that it ⑫points us in a direction. So, personally, I think that defines it the most.

Reporter: ⑬Armed with that knowledge, if you could go back and give some advice to ⑭your younger self, what would it be?

Pitt: As far as career?

| 語　注 |

①**misconception**　思い違い、誤解
②**fame**　名声、有名であること
③**whole package**　全部をひとまとめにしたもの
④**solipsistic**　唯我論的な、極端に自己中心的な
⑤**needy**　要求の多い、（愛情や注目に）飢えた
⑥**all about ~**　～がすべてで
⑦**get ahead**　前に出る、出世する
⑧**you can't deny that that doesn't exist**　★ you can't deny that that exists（それが存在することは否定できない）と言うつもりで言い間違えたもの。
⑨**inquisitive**　探究心のある、好奇心旺盛な
⑩**thought-provoking**　考えさせられる、示唆に富む
⑪**storytelling**　物語を紡ぐこと　★ここでは「映画作り」を指す。
⑫**point ~ in a direction**　～に方向を示す、～に道を教える
⑬**armed with ~**　～（有益な知識）を備えた
⑭**your younger self**　若い頃のあなた自身

ハリウッドに対する誤解

記者：ハリウッドや名声、それらをひとまとめにしたものに対する、今日における最大の誤解は何だと思いますか？

ピット：これについては前にも話したのですが。ハリウッドに関しては、自己中心的でガツガツしていて、「自分、自分、自分」一辺倒で人を押しのけたがるというイメージがずっとあります。そうした要素が存在しないとは言えませんが、それはどんな環境にも存在するものです。

私はこの（ハリウッドの）コミュニティーで、最高に興味深い人たちと出会いました、好奇心旺盛で、知的な発想や考えさせられる発想を問い掛ける人たち、自分自身とその価値を探し求め、答えや意味や映画作りに関する問いを探し求める人たちです。私たちが映画を愛する理由の一つに、道を指し示してくれるからということがあると思います。つまり、私個人としては、それがいちばんしっくりくる考え方です。

記者：そうした知識を備えた今、もし過去に戻って若い頃の自分にアドバイスをするとしたら、何と言いますか？

ピット：仕事に関して？

Reporter: Yeah, for your films, or your life, or as you approach ①your time in Hollywood.

Pitt: I would tell myself the same thing I tell myself today, um, "It's gonna be all right."

DiCaprio: "Just enjoy the process more," ha-ha. *(laughter)* You know, that's what I would have told myself. And "Keep ②pushing yourself but ③enjoy the ride." "Enjoy the ride," you know. All this is to be ④taken seriously, and I would just, um, enjoy the journey. Yeah, ⑤that's it.

Coordinated by Jordan Riefe

Narrated by Emma Howard

|語　注|

①**one's time**　全盛期
②**push oneself**　自分を駆り立てる、精いっぱい頑張る
③**enjoy the ride**　乗り物を楽しむ、旅を楽しむ　★rideは「乗せてもらうこと」なので、「自分ではコントロールできないような状況でも楽しむ」というニュアンスになる。
④**take ~ seriously**　～を真面目に受け止める
⑤**that's it**　以上です、それで全部です

記者：ええ、映画のことでも、人生のことでも、あるいは、ハリウッドでの最盛期に近づきつつある今の立場からですね。

ピット：私は、今の自分に言い聞かせているのと同じことを言いますね。「なんとかなるさ」です。

ディカプリオ：「とにかく、もっと途中経過を楽しめ」ですね、ハハハ。（笑い）まあ、それが過去の自分に言いたいことです。それと、「精いっぱい頑張り続けろ、でも道のりを楽しめ」。「道のりを楽しめ」ですね。こうしたことは真剣に受けとめてもらう必要があって、私はとにかく旅を楽しみますね。ええ、そんなところです。

Vocabulary List

A

□ acute　(感覚・知力などが) 鋭い

□ armed with ~　~ (有益な知識) を備えた

B

□ be one's own boss　自分のことを自分で決められる、好きなようにやれる立場にある

□ be overwhelmed with ~　~に (数や量の多さで) 圧倒される

C

□ cadence　(声・言葉・詩の) 調子、リズム

□ come around　巡って来る

□ come into play　効力を発揮し始める、重要な役割を果たすようになる

□ communal　共同の、共有の

□ connect with ~　~と (気持ちが) 通じる、~に共感する

D

□ dependent on ~　~に頼った、~次第である

□ desensitize　(~の) 感覚を鈍らせる

□ dissipate　霧散する、消失する

G

□ get ahead　前に出る、出世する

□ give A the ability to do　Aが~することを可能にする

□ glorify　(~を) 美しく見せる、(~を) 立派に見せる

H

□ hang on ~　~から離れない、~を続ける

□ have someone's back　(~を) 守ってやる、(~を) かばってやる

□ hearken back to ~　~を思い出させる、~に立ち戻る　★hearkenは「耳を傾ける」の意。

□ hit a lottery　宝くじに当たる

I

□ implicitly　暗黙のうちに、それとなく

□ in one's DNA　~が生まれ持った、~の存在の根底にある　★自分の意図ではコントロールしたり選択したりできないことを表す。

□ in one's own skin　ありのままの姿で、あるがままの自分で

□ in the first place　最初に、そもそも

□ inquisitive　探究心のある、好奇心旺盛な

□ intersecting　交差している

□ it's about ~　大切なのは~だ

L

□ lift　(重圧を) 取り除く

M

□ make ~ one's own　~を (工夫や労力を注いで) 自分自身のものにする

□ manifestation　発現、現実化

□ mess up ~　~をめちゃくちゃにする、~を台無しにする

□ misconception　思い違い、誤解

N

□ needy　要求の多い、(愛情や注目に) 飢えた

O

□ one stroke of luck　降って湧いたような (思いがけない) 幸運　★strokeは「(運の) 思わぬ到来」。

P

□ point ~ in a direction　~に方向を示す、~に道を教える

□ push oneself　自分を駆り立てる、精いっぱい頑張る

R

□ resonate with ~　~に共鳴する、~の共感を呼ぶ

S

□ solipsistic　唯我論的な、極端に自己中心的な

□ stalwart　熱烈な信奉者

T

□ thought-provoking　考えさせられる、示唆に富む

□ transition　変遷、移行、過渡期

理解度チェック

インタビューの内容に一致するものは □ Yes を、一致しないものは □ No をチェックしてください。

※質問の難易度の表示は、A＝易しい、B＝普通、C＝難しい、を表します

目標正答数	初級レベル▶ ☑ 3問以上	中級レベル▶ ☑ 6問以上	上級レベル▶ ☑ 8問以上

Questions		Yes	No
1	レオナルド・ディカプリオによると、クエンティン・タランティーノ監督は映画史をしっかり理解している。（難易度 A）	□	□
2	ブラッド・ピットによると、タランティーノの脚本では、俳優が言葉を付け足すことで優れたリズムが生じる。（難易度 C）	□	□
3	ディカプリオによると、『ワンス・アポン・ア・タイム・イン・ハリウッド』の撮影前に、ピットの生い立ちを記したファイルを渡された。（難易度 B）	□	□
4	ディカプリオは、本作で自分が演じる人物にすぐさま親近感を抱いたと言っている。（難易度 A）	□	□
5	ディカプリオによると、彼の俳優の友人はほとんどが、最適な場所で最良の機会をつかみ、キャリアをスタートさせた。（難易度 B）	□	□
6	ピットは、才能ある俳優がストリーミング配信を利用して世に出てきつつあると述べている。（難易度 A）	□	□
7	ディカプリオの考えでは、旧来のスタジオシステムは、時代遅れになりつつある。（難易度 B）	□	□
8	ディカプリオの知る限り、新しいスタイルの映画の多くが、ここ数年で潤沢な製作資金を得るようになった。（難易度 C）	□	□
9	ピットによると、映画業界は他業界よりもはるかに自己中心的な人々が多い。（難易度 A）	□	□
10	ピットが過去の自分にアドバイスするとしたら、今自分に言い聞かせるのと違うことを言う。（難易度 A）	□	□

答え：Q1. Yes／Q2. No／Q3. No／Q4. Yes／Q5. No／Q6. Yes／Q7. Yes／Q8. No／Q9. No／Q10. No

Keanu Reeves

キアヌ・リーブス■1964年9月2日、レバノン生まれのカナダ人。幼少期に世界各地を転々とした後、カナダ、トロントに移住。1986年映画デビュー。『スピード』（1994）や1999年に始まる『マトリックス』シリーズでスターの座を不動のものとする。私生活での気取りのなさもしばしば話題になっている。

Keanu Reeves

TRACK 44

■収録日：2019年5月6日 ■収録地：ベルリン（ドイツ）

スピード やや遅い
語彙 易しい
発音 明瞭

「華麗なスターの素顔は地道な努力家」

"When I take the costume off and I get out of the role, I start thinking about the next day's work."

「衣装を脱いで役を離れると、次の日の仕事のことを考え始めます」

Naoki Ogawa's Comment

声の残響の具合から、静まり返った大きな会場での記者会見と察することができる。そのせいか改まった話し方となっているので、発話速度はゆっくりめで、発音も明瞭だ。発言は具体性のあることが多い。とはいえ、映画の内容や、何が話題なのかということがわからないと、理解は容易ではない。例えばトラック45はジョン・ウィックの人物像がポイント。トラック46は choreography（p. 194）という単語がキーワードだ。

写真：アフロ

TRACK 45

Home Again

Reporter: Was playing ❶John Wick for the third time like coming home for you, because everything was familiar, or was it like a new challenge?

Keanu Reeves: It was really nice. It felt very much ①more on the "coming home" side. Uh, I ②literally wore the same suit from ❷*Chapter 2*. And I keep the ring and the watch, so I have that with me, uh, in my home. So, that's always around.

So when I put the ring on, the watch on, put the suit on, it starts to ③awaken everything. Um, you know, you do the ④internal work, and then when you put that on, you're ready.

Reporter: The action in the film is very ⑤fast-paced and looks exciting, especially with the horses. How was it to make those scenes with them?

Reeves: Yeah, the horses were, uh, really exciting — it was really fun to train with. It was really fun to have the opportunity to ride down the streets of ❸Brooklyn being chased by motorcycles and have a gunfight. Let's just do the ⑥fantasy of John Wick. And it was thrilling and, and I think it ⑦makes for a really fun ⑧sequence.

|語　注|

①**more on the ~ side**　どちらかというと～の感じ
②**literally**　文字どおり、まさに
③**awaken**　～を目覚めさせる、～を呼び起こす
④**internal**　内面の、意識の中の
⑤**fast-paced**　テンポの速い、スピードのある
⑥**fantasy**　自由な発想、奇抜な思い付き
⑦**make for ~**　～を生み出す
⑧**sequence**　シーケンス、(一連の)場面

家に戻った気持ち

記者：3度目のジョン・ウィックを演じることは、いろいろとなじんだ家に戻ってくるようなものでしたか、それとも新たな挑戦でしたか？

キアヌ・リーブス：とてもいい感じでした。どちらかというと、かなり「家に戻った」感じでしたね。『ジョン・ウィック：チャプター2』で着たのと、まさに同じスーツを着ました。それに、（ジョン・ウィックが身に着ける）指輪と腕時計は私が保管していて、家に置いてあります。いつも身近に置いているのです。

ですから、その指輪を着け、腕時計を着け、スーツを着ると、すべてが呼び覚まされます。つまり、内面の準備をして、それからそれを身に着けて、準備が整うのです。

記者：この作品のアクションは非常にスピード感があって、見ていて面白いのですが、馬の場面は特にそうです。馬と一緒の場面の撮影はいかがでしたか？

リーブス：ええ、馬は、とても面白かったです――一緒にトレーニングするのはとても楽しかったですよ。バイクに追われながらブルックリンの通りを駆け抜け、銃撃戦をするなんていう機会が持てたのは本当に楽しかったです。ジョン・ウィック作品ならではの発想をやろう、と。それにスリル満点でしたし、とても楽しめる場面になっていると思います。

|用語解説|

❶**John Wick**　ジョン・ウィック　★映画「ジョン・ウィック」シリーズの主人公である、引退した殺し屋。『ジョン・ウィック』(2014)、『ジョン・ウィック：チャプター2』(17)に続く3作目『ジョン・ウィック：パラベラム』についてここではインタビューしている。

❷***Chapter 2***　*John Wick: Chapter 2*（『ジョン・ウィック：チャプター2』）★「ジョン・ウィック」シリーズの2作目。

❸**Brooklyn**　ブルックリン　★ニューヨーク市にある5つの区の一つで、ロングアイランド島南西部に位置する。

Reporter: But there's deeper stuff in the film as well. For example, you talk about what it means to be an assassin.

Reeves: Yeah, there's also a sequence where John Wick is talking to ❶Winston, and Winston asks him, "Who do you wanna die as?" "How do you wanna die? — As this kind of man, or this kind of man?" And he kind of offers a light and dark version. I use light and dark ①conceptually, not necessarily in a good or bad way.

So, I think there's some, you know, I think the film has things to offer ②in terms of how to think about things and entertain and have fun.

TRACK 46

Getting Ready for Action

Reporter: How hard was it to ③get the film's complex action scenes in your mind?

Reeves: In terms of preparing for the role, I have a lot of people helping me, ④instructing me, supporting me. Uh, there's an action team, so we work together.

|語　注|

①conceptually　コンセプトとして、概念的に
②in terms of ~　~に関して、~の面で
③get ~ in one's mind　~を頭に入れる、~を覚え込む
④instruct　~に指導する

記者：ただ、この作品にはもっと深い部分もあります。例えば、暗殺者として生きるのがどういうことかについて語られます。

リーブス：ええ、ジョン・ウィックがウィンストンと話す場面もあって、ウィンストンは尋ねます、「何者として死ぬことを望むか」「どう死ぬことを望むか——こんな人間として死ぬのか、それともこんな人間として死ぬのか」。そうして彼は明るいバージョンと暗いバージョンを提示します。私は「明るい」とか「暗い」という言葉を概念的に使っていて、必ずしも善悪ではありません。

　ですから、この作品には多少、ものの考え方という面での提言もあるし、娯楽として楽しむという面もあります。

アクションに備える

記者：この作品の複雑なアクションシーンを覚えるのはどのくらい難しかったですか？

リーブス：役の準備という面では、手を貸してくれる人、指導してくれる人、サポートしてくれる人がたくさんいます。アクションチームがあって、協力し合っています。

|用語解説|

❶**Winston**　ウィンストン　★殺し屋たちの聖域である高級ホテルの支配人。イギリス人俳優のイアン・マクシェーンが演じる。

And, and the ①philosophy is, we have the ②vision of the sequences with ❶Chad, and he kind of says, "OK, we're gonna do a knife fight that's like a snowball fight." We start to train and, and they basically want me to have, um, I call it the John, well, we, we call it the John Wick ③toolbox.

So, learn a lot of different judo ④throws, ⑤work on the weapons, and, and basically, with the ⑥choreography, just, you know, choose, ⑦depending on the story, use different, uh, skills. Um, in some sequences I train more, and some we just make on the day, and some we do in the moment.

Reporter: It's interesting that you ⑧mention the choreography of the action.

Reeves: Yeah, definitely people speak about it — you speak about it — as it ⑨has many things to do with dance, in ⑩sense of, of vision, of choreography, an ⑪ensemble choreography, and then performance.

Reporter: Do you have a special ⑫diet or training program when you're preparing for the role?

|語　注|

①**philosophy**　考え方、方針
②**vision**　構想
③**toolbox**　道具箱
④**throw**　投げ技
⑤**work on ~**　～に取り組む
⑥**choreography**　(舞踊などの)振り付け　★発音は[kɔ̀:riɑ́grəfi]。
⑦**depending on ~**　～に応じて
⑧**mention**　～に言及する、～について述べる
⑨**have many things to do with ~**　～といろいろな関係がある、～と大いに関係する
⑩**sense of vision**　視覚
⑪**ensemble**　群舞
⑫**diet**　食生活、規定食

そして、考え方としては、チャドによる場面の流れの構想があって、彼が「よし、雪合戦のようなナイフの殺陣をしよう」みたいなことを言います。そして訓練が始まり、基本的には、備えておくように求められます。(いつでも必要なものを取り出せる)ジョン・ウィック道具箱と呼んでいるものを。

ですから、いろいろな柔道の投げ技を習ったり、武器の扱いを練習したり、基本的には、振り付けに従いながら、とにかく、ストーリーに合わせてさまざまなスキルを使い分けるわけです。場面によって、たっぷりトレーニングすることもあれば、1日で済んでしまうこともあるし、すぐに終わることもあります。

記者：アクションの「振り付け」という言い方をなさるのは面白いですね。

リーブス：ええ、本当にみんなそういう言い方をするんです――そういう言い方になるのは、ダンスと共通点が多いからです、視覚的にも、振り付けにおいても、群舞の振り付けと、それから演技も。

記者：この役作りをする際の特別な食事やトレーニングはありますか？

|用語解説|

❶**Chad (Stahelski)**　チャド(・スタエルスキ)　★(1968-)。アメリカ人の映画監督。「ジョン・ウィック」シリーズ3作の監督。スタントマンとして映画界に入り、『マトリックス』でリーブスのスタントマンを務めた。

Reeves: The training is really the training. (I) do a little training before the training. And what I mean by that is, you know, just kind of getting ready to do judo and some of the ①jujitsu — uh, the weapons ②manipulations and stuff.

Diet, yeah, I just try and eat right. If you're ③filming an action sequence for 10 hours a day, you have to have a certain amount of calories being ④consistent, you know, consistently through the day for energy.

But nothing, nothing, it's pretty, it's not very high modern science — ⑤in the sense of, like, "OK, what's your ⑥heart rate?" You know? "What's your ⑦glucose?" You know, I mean, it's not like that. It's just, yeah.

Reporter: Is it hard work making these films?

Reeves: No, no, no. It's a lot of fun to make a John Wick film.

|語　注|

①**jujitsu**　柔術　★柔道や合気道の母体となった古武術で、刀や縄などの武器を使用することもある。柔術や柔道を基に海外で発展した格闘技を指す場合もある。
②**manipulation**　操作、巧みに扱うこと
③**film**　(～を)撮影する
④**consistent**　継続的な　★同じ行のconsistentlyは副詞で「継続的に」。
⑤**in the sense of ~**　～という意味で
⑥**heart rate**　心拍数
⑦**glucose**　ブドウ糖　★ここでは「血糖値」の意味で使っていると思われる。

リーブス：トレーニングはまさにトレーニングといった感じです。その（本格的な）トレーニングに入る前に軽くトレーニングします。具体的には、まあ、柔道や柔術をするためのちょっとした準備だとか——武器の取り扱いの準備だとかです。

食事は、そうですね、とにかくきちんと食べるようにはしています。1日10時間アクションシーンを撮影するとなると、1日を通して継続的にそれなりの量のカロリーを摂取しないとエネルギーが持ちません。

ですがこれといって、特に何かしているわけではないし、高度な現代科学というわけではありません——「よし、心拍数はどうかな？」というようなものではない、という意味です。「血糖値はどうかな？」とかね。まあ、つまり、そこまではしません。ええ、そこまではね。

記者：このシリーズを撮影するのは大変ですか？

リーブス：いえ、いえ、いえ。ジョン・ウィック映画を作るのはとても楽しいですよ。

TRACK 47

My Favorite Scenes

Reporter: Which was your favorite sequence in the movie?

Reeves: One of my favorites is the scene with ❶Anjelica Huston, where we learn a little bit about John Wick's past. Uh, I love that scene. I think the, uh, knife fight is ①remarkable. The, I think the, uh, s—motorcycle fight with the swords is pretty special. I love the ❷glasshouse sequence for the variety and the ②intensity and the fun in that sequence. I think the horse is pretty ③awesome. And I also love the scene with The Elder — with ❸Said Taghmaoui. And I love the scenes with Winston.

Reporter: And some of it was ④shot in ⑤the Sahara, wasn't it?

Reeves: Yeah, absolutely, to be in that, in that place was something very ⑥profound and special.

Reporter: Shooting at night?

Reeves: Shooting, uh, in the day. And, yeah, it was beautiful.

Reporter: Do you like watching yourself on screen?

|語　注|

①**remarkable**　注目に値する、見事な
②**intensity**　激しさ、真剣さ、強烈さ
③**awesome**　すごい、素晴らしい
④**shoot**　(〜を)撮影する
⑤**the Sahara**　サハラ砂漠
⑥**profound**　深遠な、心の奥に訴える

お気に入りのシーン

記者：この作品でどの場面がお気に入りでしたか？

リーブス：気に入っているうちの一つはアンジェリカ・ヒューストンと共演する場面で、そこでジョン・ウィックの過去が少しわかります。あのシーンはとても好きです。ナイフの殺陣は見ものだと思います。バイクに乗って刀を使う戦闘シーンも格別だと思います。ガラス張りの建物の場面も変化に富んでいて、あの場面の強烈な印象と面白さがすごく気に入っています。馬もかなりすごいと思います。それに、エルダー、つまりサイード・タグマウイとの場面もとても好きです。それから、ウィンストンとの共演シーンの数々もとても好きです。

記者：それに、サハラ砂漠で撮影されたシーンもありましたよね？

リーブス：ええ、本当に、あの場所に行けるのは、とても心に深く響く特別なことでした。

記者：夜に撮影したのですか？

リーブス：昼間の撮影でした。そして、ええ、美しい光景でしたよ。

記者：ご自身をスクリーンで見るのはお好きですか？

|用語解説|

❶**Anjelica Huston**　アンジェリカ・ヒューストン　★(1951-)。『女と男の名誉』(1985)でアカデミー賞助演女優賞を受賞しているほか、『アダムス・ファミリー』(91)の母親役で知られる、アメリカの女優。本作では暗殺者を養成する指導者を演じている。

❷**glasshouse sequence**　★本作中では、ガラス張りの建物内で死闘を繰り広げるシーンがある。

❸**Said Taghmaoui**　サイード・タグマウイ　★(1973-)。本作で暗殺者組織の重要人物 The Elder を演じるフランスの俳優。

Reeves: Yeah, I really love John Wick films. I think they're, they're a lot of fun — the performances, the world, the ①cinematography, the costume, the humor, uh, the action. For me, it's, ho—②hopefully, people like what I do.

And, you know, when you ③go into a project, you're not, as, as an actor, you're not controlling the edit ④and stuff, but I, I like to see the ⑤work at least once, to see what the work is like. I'm not really someone who, you know, there are some performers and artists who don't really, they like the experience of making it, but don't necessarily need to see the ⑥finished painting. Um, I like to see the painting at least once.

| 語　注 |

①**cinematography**　映画の撮影術、カメラワーク
②**hopefully**　願わくは、〜だといいのだが
③**go into ~**　〜に参加する
④**~ and stuff**　〜など
⑤**work**　作品
⑥**finished painting**　完成した絵　★ここでは「完成後の映画作品」を指す。

リーブス：ええ、ジョン・ウィック映画はとても好きです。とても楽しめると思います——演技も、作品世界も、カメラワークも、衣装も、ユーモアも、アクションも。私にとっては——私のやっていることを皆さんにも気に入ってもらえるよう願います。

それに、ご存じのとおり、映画作りに参加しても、俳優としては編集やそういった部分に力が及びませんが、私は少なくとも一回は作品を見たい、作品がどんなふうになったか確かめたいのです。演者やアーティストの中には、製作過程を楽しむけれど出来上がった作品は別に見なくてもいいという人もいますが、私はそういうタイプではありません。私は出来上がった作品を一度は見たいですね。

TRACK 48

Hard Days at the Office

Reporter: I was excited to see the ①7-foot-4-inch basketball player ❶Boban Marjanovic in the film. What was it like to ②play against him?

Reeves: He's a ③cool cat. And Boban really ④committed to the training. I mean, he was really interested in it. He's an athlete, so he's definitely ⑤physical and knows his body. Yeah, he was great. Great reactions, great timing. And he had a lot of fun in, in a really good kind of spirit of going, he'd, like, "Let's do it!" I think after four hours or five hours of fighting, I think he was just, like, "Wow, OK."

Reporter: How do you get out of your role after a day of fighting and getting wet?

Reeves: When I take the costume off and I get out of the role, I start thinking about the next day's work and ⑥reflect upon this day's work. And I get out of the role and into a ⑦tub of really cold water.

Reporter: Yeah.

|語　注|

①**7-foot-4-inch**　7フィート4インチの　★約224センチメートル。ただし、マリヤノヴィッチ選手の身長は、正しくは7フィート3インチ(約221センチ)。
②**play against ~**　~と対戦する
③**cool cat**　クールなやつ
④**commit to ~**　~に専念する、~に熱心に取り組む
⑤**physical**　肉体的な
⑥**reflect upon ~**　~をじっくり考える、~を反省する　★=reflect on ~。
⑦**tub**　浴槽、バスタブ

ハードな仕事の日々

記者：身長2メートル24センチのバスケットボール選手ボバン・マリヤノヴィッチさんが作中に登場したのでわくわくしました。彼と戦って、どうでしたか？

リーブス：彼はクールガイですよ。それに、ボバンは本気でトレーニングに打ち込んでいました。つまり、興味津々だったんです。スポーツ選手ですから、紛れもなく肉体派で自分の体を知っています。ええ、見事でしたよ。リアクションも見事、タイミングも見事です。しかもとても楽しんでいて、「さあやろうか！」といった感じでとても気持ちよく進めていました。確か4時間か5時間かけた戦闘アクションの後でも、彼はただ「よし、オーケー」という感じだったと思います。

記者：闘ったりずぶぬれになったりした1日の後、どのように役から抜け出しますか？

リーブス：衣装を脱いで役を離れると、次の日の仕事のことを考え始めて、その日の仕事の振り返りをします。それから役を脱ぎ捨てて冷水のバスタブに入ります。

記者：なるほど。

|用語解説|

❶**Boban Marjanovic** ボバン・マリヤノヴィッチ ★(1988-)。アメリカのNBAで活躍する、セルビア出身の超高身長バスケットボール選手。本作で、ウィックの命を狙う殺し屋の一人を演じる。

Reeves: Then, maybe some hot water. And then, sometimes I just jump into a cold shower afterwards, then eat a lot of food, keep thinking about next day's work, reflecting on the day's work, and, uh, try and get eight hours of sleep.

TRACK 49

So What Happens Next?

Reporter: Would you like to ①continue with John Wick after this third film?

Reeves: ②It's really up to the audience. You know, after the first one, kind of the, the, the ③appreciation for the film grew, which gave us the opportunity for *Chapter 2*. ④Gratefully, people liked what we did and, and hopefully people will like what we did in ❶*Chapter 3*. Um, ⑤if that's the case, then we'll, we might have the opportunity. ⑥Personally, I love the role. I love the world of John Wick, and I'm interested to see what happens.

Coordinated by Jordan Riefe

Narrated by Vinay Murthy

| 語　注 |

①**continue with ~**　～を続ける
②**be up to ~**　～に左右される、～次第である
③**appreciation**　認識、評価
④**gratefully**　ありがたいことに
⑤**if that's the case**　もしそういった状況であれば
⑥**personally**　自分としては

リーブス：それから、お湯につかったりします。その後で冷たいシャワーをさっと浴びることもありますし、それからたっぷり食事をして、さらに翌日の仕事のことを考え、その日の仕事の振り返りをしたりします。そして、8時間の睡眠を取るように努めます。

今後の展開は?

記者：この3作目の後も、ジョン・ウィック作品を続けたいとお考えですか？

リーブス：それはひとえに観客次第です。ご存じのとおり、1作目の後で作品の評価が上がっていって、おかげで『ジョン・ウィック：チャプター2』のチャンスが生まれました。ありがたいことに皆さんが私たちの作ったものを気に入ってくれましたし、『ジョン・ウィック：パラベラム』の出来も気に入ってもらえることを願います。もしそうなれば、チャンスがあるかもしれません。私自身、この役がとても好きです。ジョン・ウィックの世界がとても好きですから、何が起こるかぜひ見てみたいですね。

|用語解説|

❶*Chapter 3*　*John Wick: Chapter 3 – Parabellum*　★シリーズ3作目『ジョン・ウィック：パラベラム』のこと。Parabellumは、ラテン語の警句Si vis pacem, para bellum.（汝平和を欲さば、戦への備えをせよ）に由来している。なお、シリーズ4作目は2021年に全米公開されることになった。

Vocabulary List

A

□ ~ and stuff　～など

□ appreciation　認識、評価

□ awaken　～を目覚めさせる、～を呼び起こす

□ awesome　すごい、素晴らしい

B

□ be up to ~　～に左右される、～次第である

C

□ choreography　（舞踊などの）振り付け

□ cinematography　映画の撮影術、カメラワーク

□ commit to ~　～に専念する、～に熱心に取り組む

□ conceptually　コンセプトとして、概念的に

□ consistent　継続的な

□ continue with ~　～を続ける

D

□ depending on ~　～に応じて

□ diet　食生活、規定食

E

□ ensemble　群舞

F

□ fast-paced　テンポの速い、スピードのある

G

□ get ~ in one's mind　～を頭に入れる、～を覚え込む

□ go into ~　～に参加する

□ gratefully　ありがたいことに

H

□ have many things to do with ~　～といろいろな関係がある、～と大いに関係する

□ heart rate　心拍数

□ hopefully　願わくは、～だといいのだが

I

□ if that's the case　もしそういった状況であれば

□ intensity　激しさ、真剣さ、強烈さ

L

□ literally　文字どおり、まさに

M

□ make for ~　～を生み出す

□ manipulation　操作、巧みに扱うこと

□ mention　～に言及する、～について述べる

□ more on the ~ side　どちらかというと～の感じ

P

□ philosophy　考え方、方針

□ physical　肉体的な

□ play against ~　～と対戦する

□ profound　深遠な、心の奥に訴える

R

□ reflect upon ~　～をじっくり考える、～を反省する　★＝reflect on ~。

□ remarkable　注目に値する、見事な

S

□ sense of vision　視覚

□ sequence　シーケンス、（一連の）場面

□ shoot　（～を）撮影する

T

□ tub　浴槽、バスタブ

V

□ vision　構想

理解度チェック

インタビューの内容に一致するものは □ Yes を、一致しないものは □ No をチェックしてください。

※質問の難易度の表示は、A ＝易しい、B ＝普通、C ＝難しい、を表します

目標正答数	初級レベル▶ ☑ 3問以上	中級レベル▶ ☑ 6問以上	上級レベル▶ ☑ 8問以上

Questions		Yes	No
1	キアヌ・リーブスによると、「ジョン・ウィック」シリーズ3作目の撮影はこれまでにない新たな挑戦だった。（難易度 A）	□	□
2	リーブスによると、彼は「ジョン・ウィック」シリーズの2作目と3作目で同じスーツを着た。（難易度 A）	□	□
3	リーブスの考えでは、「ジョン・ウィック」シリーズは娯楽だけが目的であり、物事の考え方には一切触れない。（難易度 C）	□	□
4	リーブスの説明によると、アクションシーンの取り組みについては、チームで協力して進めていった。（難易度 A）	□	□
5	リーブスは、映画でのアクションにはダンスと共通する要素があると述べている。（難易度 B）	□	□
6	リーブスによると、アクションシーンの撮影期間中、きちんと食べてカロリーを摂取した。（難易度 A）	□	□
7	リーブスによると、撮影期間中は自分の心拍数と血糖値の変化を注意深く観察した。（難易度 A）	□	□
8	リーブスは、自分が出演している映画はあまり見たくないと言っている。（難易度 A）	□	□
9	リーブスは、撮影のための一日が終わると、水と湯に交互につかり仕事を振り返ったと言っている。（難易度 A）	□	□
10	リーブスは、3作目への観客の反応にかかわらず、「ジョン・ウィック」シリーズを続けると言っている。（難易度 B）	□	□

答え： Q1. No／Q2. Yes／Q3. No／Q4. Yes／Q5. Yes／Q6. Yes／Q7. No／Q8. No／Q9. Yes／Q10. No

ハリウッドスターの英語 5

発行日　2020年3月13日（初版）

企画・編集　株式会社アルク 出版編集部
巻頭コラム執筆　冨永由紀
学習法コラム執筆　松岡 昇
音声解説　小川直樹
翻訳　挙市玲子
英文校正　Peter Branscombe、Margaret Stalker

カバー・巻頭デザイン　小口翔平＋大城ひかり＋喜来詩織（tobufune）
本文デザイン　清水優子（FUN DESIGN Graphic）

ナレーション（タイトルコール）　Rachel Walzer
音声編集　株式会社メディアスタイリスト

DTP　株式会社秀文社
印刷・製本　シナノ印刷株式会社

発行者　田中伸明
発行所　株式会社アルク
〒102-0073　東京都千代田区九段北4-2-6　市ヶ谷ビル
Website：https://www.alc.co.jp/

・落丁本、乱丁本は弊社にてお取り替えいたしております。
Webお問い合わせフォームにてご連絡ください。
https://www.alc.co.jp/inquiry/

・定価はカバーに表示してあります。
・製品サポート：https://www.alc.co.jp/usersupport/

Printed in Japan.
PC：7020009
ISBN：978-4-7574-3604-6

地球人ネットワークを創る

アルクのシンボル
「地球人マーク」です。